# BESSER IN FRANZÖSISCH
## GRAMMATIK 8. SCHULJAHR

von Michelle Beyer
und
Simone Lück-Hildebrandt

**Die Autorinnen:**

**Michelle Beyer** ist Französischlehrerin an einem Gymnasium. Französisch ist ihre Muttersprache.

**Simone Lück-Hildebrandt** unterrichtet Französisch an einem Gymnasium. Sie ist außerdem Beauftragte für Lehrerfortbildung im Fach Französisch.

Die Deutsche Bibliothek – CIP-Einheitsaufnahme

**Besser in Französisch.** – Frankfurt am Main: Cornelsen Scriptor.
(Lernhilfen von Cornelsen Scriptor)
Grammatik/von Michelle Beyer und Simone Lück-Hildebrandt.
8. Schuljahr. – 1. Aufl. – 1993
ISBN 3-589-20923-2

| 5. | 4. | 3. | 2. | 1. | |
|----|----|----|----|----|---|
| 97 | 96 | 95 | 94 | 93 | Die letzten Ziffern bezeichnen Zahl und Jahr des Drucks. |

© 1993 Cornelsen Verlag Scriptor GmbH & Co., Frankfurt am Main
Das Werk und seine Teile sind urheberrechtlich geschützt. Jede Verwertung in anderen als den gesetzlich zugelassenen Fällen bedarf der vorherigen schriftlichen Einwilligung des Verlags.
Redaktion: Maria Bley, München
Herstellung: Kristiane Klas, Frankfurt am Main
Umschlaggestaltung: Studio Lochmann, Frankfurt am Main
Illustration: Stefan Matlik, Saulheim
Satz: Utesch Satztechnik GmbH, Hamburg
Druck und Bindearbeiten: Druckerei Gutmann GmbH, Heilbronn
Vertrieb: Cornelsen Verlag, Berlin
Printed in Germany
ISBN 3-589-20923-2
Bestellnummer 209232

# Inhalt

**So lernst du mit diesem Buch**   7

**1 Infinitivkonstruktionen ohne Präposition**   10
A  Der Infinitiv nach Modalverben   10
B  Infinitiv und Objektpronomen   13
C  Weitere Infinitivkonstruktionen   14

**2 Die nahe Zukunft**   17
A  Die Bildung mit *aller* und Infinitiv   17
B  Die nahe Zukunft in der verneinten Form   20
C  Nahe Zukunft und Objektpronomen   20

**3 Indirekte Rede und indirekte Frage**   23
A  Die indirekte Rede   23
B  Die indirekte Frage   26

**4 Das Perfekt (1)**   29
A  Die Bildung des *passé composé* mit *avoir*   29
B  Die Bildung des Partizips Perfekt   31
C  Das *passé composé* in der verneinten Form   34
D  Die Bildung des *passé composé* mit *être*   35

**5 Das Adverb**   42

**6 Der indefinite Begleiter *tout***   45

**7 Der Teilungsartikel**   49
A  Bildung und Verwendung des Teilungsartikels   49
B  Teilungsartikel und Mengenangaben   51
C  Ausnahmeregeln   54

**8 Verben mit Stammerweiterung**   58
A  Verben auf -*ir* mit Stammerweiterung   58
B  Der Verbtyp *connaître*   60

**9 Infinitivkonstruktionen mit Präposition**   64
A  Infinitivkonstruktionen mit *de*   64
B  *être en train de faire qc* und *venir de faire qc*   66
C  Infinitivkonstruktionen mit *à*   70

**10 Die unverbundenen Personalpronomen**   73

**11 Die Relativpronomen**   76
A   Das Relativpronomen *qui*   76
B   Das Relativpronomen *que*   79
C   Die Hervorhebungen *c'est... qui/c'est... que*   81
D   Das Relativpronomen *où*   84

**12 Die reflexiven Verben**   86
A   Die reflexiven Verben im Präsens   86
B   Die reflexiven Verben im *passé composé*   89
C   Die reflexiven Verben im *futur composé*   90
D   Reflexive Verben und Modalverben   92

**13 Länder- und Städtenamen**   96
A   Die Ländernamen und ihre Begleiter   96
B   Nationalitätsbezeichnungen   100
C   Städtenamen und ihre Präpositionen   102

**14 Die Adverbialpronomen *y* und *en***   106
A   Das Adverbialpronomen *y*: Standpunkt und Richtung   106
B   Das Adverbialpronomen *en*: Herkunft   107
C   Weiterer Gebrauch von *en*   108

**15 Die Steigerung des Adjektivs**   112
A   Der Komparativ   112
B   Der Superlativ   114

**16 Das Perfekt (2) – Die Veränderlichkeit des Partizips**   118
A   Das Partizip der Verben, die mit *avoir* verbunden sind   118
B   Besonderheiten der reflexiven Verben   122

# So lernst du mit diesem Buch

Aus welchem Grund du dich auch entschlossen hast, deine Französischkenntnisse zu verbessern – dieses Buch wird dir helfen, beim Umgang mit der französischen Grammatik sicherer zu werden.

Der Aufbau dieser Lernhilfe entspricht ungefähr deinem Französischlehrbuch, das du in der Schule benutzt. Du mußt dieses Buch aber nicht unbedingt von vorne nach hinten durcharbeiten. Wenn du ein ganz bestimmtes Problem hast, kannst du das entsprechende Thema anhand des Inhaltsverzeichnisses heraussuchen und dann dieses Kapitel bearbeiten.

Auch das Vokabular ist auf dein Französischbuch abgestimmt. Manchmal war es allerdings nicht zu vermeiden, einen Begriff aufzunehmen, den du vielleicht noch nicht kennst. Die Übersetzung findest du dann unmittelbar hinter diesem Wort.

Jedes Kapitel dieses Buches enthält:
- eine Übersicht über die behandelten Themen,
- kurze grammatische Erklärungen mit Beispielsätzen,
- ein bis zwei Übungen zum jeweiligen Thema.

Am Ende der meisten Kapitel findest du einen Test. Er enthält Übungen, für die du alle behandelten Themen des Kapitels beherrschen mußt. Für diese Übungen gibst du dir anschließend Punkte und überprüfst selbst, ob du mit deinen Fortschritten zufrieden sein kannst. Wenn du nicht mehr als die Hälfte der angegebenen Punktzahl erreicht hast, solltest du das Kapitel besser noch einmal durcharbeiten.

Mit Hilfe des Lösungshefts kannst du deine Ergebnisse überprüfen. Du solltest dir die Lösungen allerdings immer erst ansehen, wenn du eine Übung vollständig bearbeitet hast.

Alle Übungen kannst du direkt im Buch bearbeiten. Am besten verwendest du dafür einen Bleistift. Dann kannst du radieren und eine Übung, mit der du nicht ganz zufrieden warst, noch einmal wiederholen.

M. Lecoq und Clochard begleiten dich wieder bei der Arbeit mit diesem Buch:

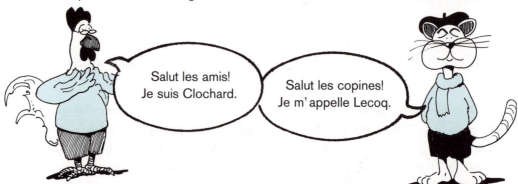

M. Lecoq kennt sich nicht nur mit allen Feinheiten der Sprache Frankreichs bestens aus, als Hahn verkörpert er auch ein Wahrzeichen des Landes. Wie du sicher vom Gallier Asterix weißt, benannten die Römer das heutige Frankreich nämlich nach dem Hahn (lat. gallus).
Der Kater ist zwar kein französisches Wahrzeichen, dafür aber in fast jedem normalen französischen Haushalt anzutreffen – also auch hier.
Beide, M. Lecoq und Clochard, sind da, wenn es etwas Besonderes zu beachten gibt.
Und auch unsere deutsch-französischen Freunde sind wieder dabei:

Und nun viel Erfolg und Spaß beim Üben mit diesem Buch!

*Michelle Beyer und
Simone Lück-Hildebrandt*

\* progrès *m* – Fortschritt   \* patati et patata – und so schwatzen sie in einem fort

# 1 Infinitivkonstruktionen ohne Präposition
## *L'infinitif sans préposition*

A Der Infinitiv nach Modalverben
B Infinitiv und Objektpronomen
C Weitere Infinitivkonstruktionen

## A Der Infinitiv nach Modalverben

Die Verben *pouvoir, devoir, vouloir* und *savoir* werden Modalverben genannt. Folgt auf ein Modalverb ein weiteres Verb, so steht das zweite Verb immer im Infinitiv.

> Yves: On fait un tour.
> Tu **veux venir** avec nous?
>
> Magali: Je **voudrais** bien, mais je ne **peux** pas.
> Je **dois attendre** un coup de téléphone de mes parents.

Im Falle der Verneinung umschließt die Verneinungsklammer die konjugierte Verbform – also das Modalverb. (Statt „konjugierte" Verbform sagt man auch „finite" Verbform.)

> Elle **ne** peut **jamais** arriver à l'heure.

Leider sind die Modalverben unregelmäßig. Du mußt sie also auswendig lernen. Kannst du sie schon?

Il faut toujours apprendre?

| | **pouvoir** (können) | | **vouloir** (wollen) |
|---|---|---|---|
| je | peux | je | veux * |
| tu | peux | tu | veux |
| elle/il/on | peut | elle/il/on | veut |
| nous | pouvons | nous | voulons |
| vous | pouvez | vous | voulez |
| elles/ils | peuvent | elles/ils | veulent |

\* Und nicht zu vergessen die Höflichkeitsform: *je voudrais* (ich möchte).

|  | **devoir** (sollen, müssen) |  | **savoir** (wissen, können) |
|---|---|---|---|
| je | dois | je | sais |
| tu | dois | tu | sais |
| elle/il on | doit | elle/il/on | sait |
| nous | devons | nous | savons |
| vous | devez | vous | savez |
| elles/ils | doivent | elles/ils | savent |

Beim Gebrauch der Modalverben *savoir* und *pouvoir* mußt du folgendes beachten:

*Savoir* verweist auf etwas, was man lernen, einüben oder sich merken muß.

*Pouvoir* verweist auf eine vorhandene Möglichkeit oder Fähigkeit.

Je sais nager, mais je ne peux pas...

**1** Vervollständige die Sätze wie im Beispiel. Benutze dabei passende Modalverben.

manger sa soupe / écrire / aller chez le dentiste / faire son exercice d'allemand

Pouah! Beurk!

Schreiben... ich schreibte, ich habe geschreibt... Non?

1. *Il ne veut pas manger sa soupe.*

2. _____

14 heures... DENTISTE! Horreur!

3. _____

4. _____

11

**2  Le rendez-vous (1)**

Vervollständige das folgende Gespräch mit den passenden Formen der modalen Verben: *pouvoir, savoir, vouloir* oder *devoir*.

Yves: On va au cinéma. Vous _____¹ venir avec nous?

Brigitte: On _____² bien, mais aujourd'hui, on ne _____³ pas.

Fredo: Et, on _____⁴ vous demander pourquoi vous ne _____⁵ pas?

Magali: Rolf m'attend. Nous avons rendez-vous et je _____⁶ être au Forum des Halles à 15 heures. Il _____⁷ me montrer une boutique de posters.

Yves: Bon. Mais nous _____⁸ peut-être faire un tour ensemble après?

Brigitte: D'accord. Alors, rendez-vous à 17 heures devant le Théâtre de la Ville. Vous _____⁹ où c'est?

Magali: Oui, moi, je _____¹⁰. Il y a un bar allemand: «le Bayern».

Fredo: Ça, c'est bien Magali avec ses Allemands!

**3  Le rendez-vous (2)**

Entscheide nun, ob das einzusetzende Verb konjugiert wird oder im Infinitiv steht.

| | |
|---|---:|
| A 17 heures, Yves et Frédéric _____¹ devant | être |
| le théâtre de la ville. Ils _____² | ne pas aimer |
| _____³ en retard (zu spät kommen). | être |
| 17 heures 15. Les filles _____⁴. | ne pas arriver |
| Yves _____⁵ son baladeur. | écouter |
| Frédéric _____⁶ sa montre. | regarder |
| Frédéric: «Mais, qu'est-ce qu'elles _____⁷ | pouvoir |
| bien _____⁸? | faire |
| Ces demoiselles _____⁹ | ne jamais regarder |
| leurs montres! Elles _____¹⁰ toujours quand | arriver |
| elles _____¹¹, et nous, nous _____¹² | vouloir/devoir |
| toujours les _____¹³. | attendre |
| Ah, ces filles alors! Elles _____¹⁴ bien que | savoir |
| nous _____¹⁵ | ne pas vouloir |
| _____¹⁶!» | attendre |

## B Infinitiv und Objektpronomen

> M. Lecoq: Tu sais faire **l'exercice**, Frédéric?
> Frédéric: Bien sûr, je sais **le** faire!
>
> Magali doit écrire **à sa tante Amélie**.
> Elle doit **lui** écrire, mais elle ne veut pas **lui** écrire.

Das Objektpronomen steht immer vor dem Verb, auf das es sich bezieht.
In den Beispielsätzen oben bezieht sich das Objekt auf den Infinitiv. Deshalb steht das Objektpronomen vor dem Infinitiv – und nicht vor dem konjugierten Verb.

|    faire **l'exercice**    | → | **le** faire  |
|    écrire **à tante Amélie** | → | **lui** écrire |

**4** Was sollen, müssen, können sie tun?
a) Notiere die Sätze zuerst richtig.
b) Ersetze dann die unterstrichenen Objekte durch ein Objektpronomen.

1. Elle / <u>son</u> / écrire / doit / père / à / <u>mère</u> / et / <u>sa</u>/.

a) _____

b) *Elle doit leur* _____

2. <u>Rolf</u> / téléphoner / à / <u>Magali</u> / veut /.

a) _____

b) _____

3. pas / <u>panne</u> / Ils / savent / ne / <u>la</u> / réparer /.

a) _____

b) _____

4. Elle / <u>sa</u> / ne / manger / veut / pas / <u>soupe</u> /.

a) _____

b) _____

**5** Sind die folgenden Sätze richtig? Kreuze das entsprechende Kästchen an (c = *correct*, f = *faux*). Berichtige dann die fehlerhaften Sätze.

|   | c | f |
|---|---|---|
| 1. a) Frédéric, tu dois ranger ta chambre! | ☐ | ☐ |
| b) Oui, je la veux bien ranger, mais après le film! | ☐ | ☐ |

13

2. Magali ne veut pas écrire à sa tante. ☐ ☐

3. Tu sais répare le vélo? ☐ ☐

4. Nous doivons encore attendre les filles! ☐ ☐

5. Elle ne peut pas ses verbes parce qu'elle ne les apprend pas. ☐ ☐

_____
_____
_____
_____
_____

## C Weitere Infinitivkonstruktionen

Die Verben *aimer faire qc* (gern etwas tun) und *préférer faire qc* (es vorziehen, etwas zu tun) drücken eine Neigung aus. Nach diesen Verben steht der reine Infinitiv ohne Präposition.

> **J'aime** bien **faire** du tennis,
> mais je **préfère** encore **regarder** un film à la télé.

Weißt du übrigens noch, daß *préférer* leicht unregelmäßig ist? Jedesmal wenn die Endung hörbar ist (*nous, vous*), wird der Stamm *préfér-* geschrieben. Sonst heißt es *préfèr-*.

6 Qu'est-ce qu'ils aiment bien? Qu'est-ce qu'ils préfèrent encore?
Vervollständige die Sätze mit der richtigen Form von *aimer* oder *préférer* und der passenden Verbergänzung.

> 1. Tennis spielen / ins Kino gehen
> 3. Radfahren (faire du vélo) / Windsurfen (faire de la planche à voile)
> 4. mit dem Computer spielen (jouer avec l'ordinateur)
> 5. auf eine Party gehen (aller à une surprise-partie)
> 6. sich einen Film im Fernsehen anschauen / mit Freunden lachen
> 7. mit Rolf ausgehen (sortir)
> 8. ein Buch lesen / Kuchen und Eis essen

1. Moi, j'*aime* bien *faire* *du* tennis, mais je *préfère* encore *aller au* cinéma.

2. Et vous, Rolf et Katrin, qu'est-ce que vous _____ faire?

3. Nous _____ _____ vélo, mais nous _____ _____ voile.

4. Et toi, Yves, tu _____ _____ ordinateur?

5. Oui, mais je _____ _____ surprise-partie.

6. Et toi, Magali, qu'est-ce que tu _____? _____ _____ à la télé ou _____ _____ amis?

7. Bien sûr, j'_____ _____ amis, mais je _____ encore _____ Rolf.

Et tes copains?

8. Ma copine Brigitte, elle _____ _____ livre, mais elle _____ _____ glaces.

15

# Test

**I   Les problèmes de nos amis**

Magali, Brigitte, Frédéric et Yves parlent de leurs problèmes: les parents et les sorties!

Setze das passende Verb ein. Bediene dich dabei der vorgegebenen Infinitive. Sie stehen allerdings nicht in der richtigen Reihenfolge.

être
ne pas vouloir
sortir
devoir

Moi, je voudrais bien _____ [1] le soir, mais mes parents ____ _____ ____ [2]. Je _____ [3] toujours _____ [4] à la maison à 21 heures! Pff! 21 heures en vacances!

pouvoir
comprendre
savoir
rentrer
sortir

Moi aussi! Mais ma grand-mère me _____ [5]. Avec elle, je _____ [6] _____ [7] à 23 heures pendant les vacances, quand elle _____ [8] avec qui je _____ [9]!

sortir
vouloir
savoir

Moi, ça va avec mes parents, mais ils _____ [10] toujours _____ [11] avec qui je _____ [12].

entendre
ne pas ranger
aider
pouvoir

Avec mes parents, j' _____ [13] toujours: «Et ta chambre! Pourquoi est-ce que tu ____ la _____ _____ [14]? Tu _____ [15] _____ [16] ton père dans le jardin!»
La barbe!

16 points

16

# 2 Die nahe Zukunft
## *Le futur composé: aller faire qc*

A Die Bildung mit *aller* und Infinitiv
B Die nahe Zukunft in der verneinten Form
C Nahe Zukunft und Objektpronomen

## A Die Bildung mit *aller* und Infinitiv

Auch beim *futur composé* handelt es sich um eine Infinitivkonstruktion ohne Präposition.

> Et qu'est-ce qu'on **va faire** aujourd'hui?
>
> Nous **allons visiter** le zoo de Vincennes,
> et après, je **vais** vous **offrir** une glace.

Das *futur composé* wird für Handlungen benutzt, die in der nahen Zukunft stattfinden. Deshalb nennt man diese Zeit auch *futur proche*.
Das *futur composé* wird gebildet, indem man hinter die Präsensform von *aller* den Infinitiv des entsprechenden Verbs anfügt.

| Je | **vais** | **faire** mon lit dans cinq minutes. |
| Tu | **vas** | **rentrer** à quelle heure? |
| Il | **va** | **prendre** le bus de six heures. |
| Nous | **allons** | **regarder** le match de foot. |
| Vous | **allez** | **manger** au restaurant ce soir? |
| Ils | **vont** | **être** contents. |

Ganz einfach also! Du mußt allerdings die Formen des Verbs *aller* sicher beherrschen und die Infinitivformen der Verben kennen.
Wie steht's damit? Das werden wir gleich sehen.

Je vais chanter ma chanson dans cinq minutes. Cocorico!

1 Tu connais les infinitifs? Nous allons voir ...
Ergänze den passenden Infinitiv.

**Tous les jours ...**

Tous les jours je <u>prends</u>
mon café à sept heures.

Je <u>mange</u> des toasts.

J'<u>attends</u> mon bus.

Je <u>file</u> au collège.

**Mais demain ...**

Mais demain, je vais _____¹
mon café au lit à 10 heures.

Mais demain, je vais _____² des
croissants.

Je vais _____³ mes copains.

Je vais _____⁴ dans un parc
pour faire du footing.
Et oui, demain, c'est dimanche!

Bis jetzt war es noch einfach. Nun sollst du die ganze Form des *futur composé* eintragen: die richtig konjugierte Form von *aller* und den passenden Infinitiv.

2 Regarde les images et réponds aux questions.
   a) Que font-ils maintenant?
   b) Et que vont-ils faire après?

1. a) Brigitte, qu'est-ce que tu fais?

   *Je range ma chambre.*

   b) Et après?

   *Je vais écrire une lettre.*

2. a) Magali, qu'est-ce que tu fais?

   _____

   b) Et après?

   _____

   _____

3. a) Et vous, Yves et Frédéric, qu'est-ce que vous faites?

   _____

   _____

   b) Et après?

   _____

   _____

4. a) Et vous, Gaby et Marie, qu'est-ce que vous faites?

   Nous _____

   _____

   b) Et après?

   _____

   _____

   avec Gérard et Jacques.

## B  Die nahe Zukunft in der verneinten Form

Wird das *futur composé* verneint, so umschließen die beiden Teile der Verneinungsklammer die konjugierte Form von *aller*. (Auch bei den Modalverben wird die konjugierte Verbform von der Verneinungsklammer umschlossen.)

> Tu vas prendre ton vélo?
> Non, je **ne** vais **pas** prendre mon vélo. Je vais prendre le bus.

**3**  Qu'est-ce qu'ils vont faire?
Regarde bien les dessins et réponds à la question. Attention à la négation!

Il va boire un thé?

Non, il *ne va pas boire un thé.*

Il _____

Tu vas dormir à l'hôtel?

Non, je _____

Je _____

Elle va acheter le pull?

Non, _____

_____

Vous allez jouer au badminton?

_____

_____

## C  Nahe Zukunft und Objektpronomen

> Quelle poussière! Range **ta chambre**, Yves!
> Bon d'accord. Je vais **la** ranger tout de suite.

Beim *futur composé* steht das Objektpronomen vor dem Verb im Infinitiv, denn auf dieses bezieht sich das Pronomen.

## 4 Que faire?

Vervollständige die Sätze im *futur composé*, und ergänze die passenden Objektpronomen.

> **Vokabelhilfe**
>
> réparer – reparieren  rendre qc à qn – jdm. etwas zurückgeben
> téléphoner à qn – jdn. anrufen  ranger – aufräumen

1. Les filles sont en retard au rendez-vous.

   Yves et Frédéric _vont_ encore

   _les attendre_!

2. Le vélo ne marche pas, les enfants!

   Vous _____

   pour demain?

3. Brigitte n'est pas là! Qu'est-ce qu'on

   va faire?

   Bon alors, on _____

   _____

   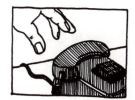

4. Magali et Brigitte oublient leur parapluie

   (Regenschirm) chez Rolf.

   Il _____

   leur parapluie demain.

5. Quel désordre dans ma chambre!

   Bon, je _____

# Test

**I** Vervollständige die Sätze mit dem passenden Verb im *futur composé*.

> ein Taxi anrufen / mit dem Bus fahren / waschen / ins Restaurant gehen / ins Bett gehen / einen Arzt anrufen / ein Buch lesen / einen Orangensaft trinken

1. Ils sont en retard. Qu'est-ce qu'ils vont faire?

   Ils vont _____

2. Ma voiture est en panne. Qu'est-ce que je vais bien faire?

   Eh bien, tu _____

3. Nos jeans sont sales (dreckig)!

   Bon alors, vous _____

4. Il n'y a plus rien (nichts mehr) à manger à la maison.

   Alors, nous _____

5. Je suis très fatigué.

   Je _____

6. Elle a 40 de fièvre (40 Grad Fieber).

   Elle _____

7. Je ne peux pas dormir.

   Je _____

8. Ils ont soif.

   Ils _____

| 8 points

# 3 Indirekte Rede und indirekte Frage
*Le style indirect*

A Die indirekte Rede
B Die indirekte Frage


## A Die indirekte Rede

> Magali dit à sa mère: «Maman, je redouble (die Klasse wiederholen).»
> Magali **dit** à sa mère **qu'**elle redouble.
>
> Elle lui explique alors: «Mes amies redoublent aussi.»
> Elle lui **explique** alors **que** ses amies redoublent aussi.

Die Sätze oben stehen einmal in der direkten und einmal in der indirekten Rede. Sätze der direkten Rede erkennst du daran, daß sie durch einen Doppelpunkt und/oder Anführungsstriche eingeführt werden.
Woran erkennt man aber die Sätze der indirekten Rede? Sie werden durch ein Verb wie *dire* oder *expliquer* und durch die Konjunktion *que* (daß) eingeleitet.

Folgende Verben können eine indirekte Rede einleiten:

| | | | |
|---|---|---|---|
| dire | – sagen | répondre | – antworten |
| raconter | – erzählen | expliquer | – erklären |
| répéter | – wiederholen | ajouter | – hinzufügen |

Vergleiche einmal die folgenden Sätze, und achte besonders auf die Verben und Konjunktionen.

> Er sagt, **daß** er Grippe **habe**.   Il dit **qu'**il **a** la grippe.
> Er sagt, er **habe** Grippe.   Il dit **qu'**il **a** la grippe.

- Wie du siehst, wird im Französischen die Stellung des Verbs im Nebensatz nicht verändert.

- Im Deutschen wird (in der Schriftsprache) im indirekten Satz der Konjunktiv benutzt.
  Im Französischen bleiben wir bei den uns bis jetzt bekannten Zeiten.

- Die Konjunktion *que* ist im Französischen in der indirekten Rede unerläßlich. Vor einem Vokal wird *que* apostrophiert (*qu'*).

- Zwischen dem Hauptsatz und dem Nebensatz steht kein Komma.

Was passiert außerdem, wenn ein Satz von der direkten in die indirekte Rede umgewandelt wird?

> Karsten dit: «**Je** cherche **ma** clé.»   Karsten sagt: „**Ich** suche **meinen** Schlüssel."
> Il dit qu'**il** cerche **sa** clé.   Er sagt, daß **er seinen** Schlüssel suche.

- Das Subjekt des unabhängigen Satzes muß bei der Umwandlung in die indirekte Rede dem Sinne nach verändert werden. In unserem Beispiel wird das Subjekt *je* in der direkten Rede zu *il* in der indirekten Rede.

- Die Endung des Verbs muß dem neuen Subjekt natürlich angepaßt werden.
  Frédéric et Yves: Nous écriv**ons** à Rolf.
  Frédéric et Yves disent qu'ils écriv**ent** à Rolf.

- Der Possessivbegleiter muß ebenfalls sinngemäß geändert werden. Im Beispiel oben wird *mon* zu *son*.

Genauso ist es ja im Deutschen.

Nicht nur Subjekt und Possessivbegleiter werden in der indirekten Rede verändert. Auch die Objektpronomen werden der neuen Sprechsituation angeglichen:

> Frédéric dit à Yves: «Je **te** téléphone demain.»
> Frédéric dit à Yves qu'il **lui** téléphone demain.

**1** Wandle die folgenden Sätze der direkten Rede in die indirekte Rede um.

1. Brigitte dit à son père: «Je cherche mes clés!»

   *Brigitte dit à son père qu'elle cherche ses clés.*

2. Son père lui dit: «Tu ne sais jamais où tu mets tes affaires!»

   _____

   _____

3. Magali et Brigitte expliquent: «Nous rencontrons nos amis de Berlin à cinq heures.»

   Elles expliquent _____

   _____

4. Elles ajoutent à Pierre et Fred: «Vous pouvez venir aussi.»

   Elles ajoutent à Pierre et Fred _____

   _____

**2** Wandle die Sprechblasentexte in indirekte Rede um. Achte dabei besonders auf die Verbformen und auf Possessivbegleiter und Objektpronomen.

**Frédo & Magali:** Nous allons au cinéma «La Géode». Nous avons rendez-vous avec nos copains allemands à deux heures.

**Yves:** Moi, je vais au musée d'Orsay.

**Brigitte:** C'est une bonne idée, mais je voudrais d'abord manger quelque chose parce que j'ai faim.

**Magali:** J'ai faim aussi et je voudrais bien manger un petit bout, mais je n'ai pas mon porte-monnaie ...

**Yves:** C'est toujours comme ça! Vous oubliez vos affaires, vous voulez toujours manger ou vous regardez les magasins. Nous vous attendons toujours!

1. Frédo et Magali *disent qu'ils vont au cinéma «La Géode».*
   *Ils expliquent qu'ils ont rendez-vous* _____
   _____

2. Yves dit _____
   _____

3. Brigitte dit _____
   *mais elle ajoute qu'elle* _____
   _____

4. Magali _____
   _____
   _____

5. Yves se fâche (ärgert sich) et dit _____
   _____
   _____

25

## B Die indirekte Frage

| direkte Frage | indirekte Frage |
|---|---|
| Le grand-père Lecarpentier à Magali: «**Est-ce que** tu passes en sixième?» | Le grand-père demande à Magali **si** elle passe en sixième. |
| «**Pourquoi** est-ce que tu redoubles?» | Il veut savoir **pourquoi** elle redouble. |

- Ist die direkte Frage eine Entscheidungsfrage (*est-ce que*), dann wird sie in der indirekten Form mit der Konjunktion *si* (ob) eingeführt.
  *Si* wird vor *il/ils* apostrophiert (*s'il/s'ils*), nicht jedoch vor *elle/elles* (*si elle/si elles*).
- Wird die direkte Frage aber mit einem Fragewort (*pourquoi*) gebildet, dann wird auch die indirekte Form mit diesem Fragewort eingeleitet.

Anhand der folgenden Zusammenstellung kannst du überprüfen, ob du die wichtigsten Fragewörter noch beherrschst.

| | | | |
|---|---|---|---|
| warum | – pourquoi | wieviel | – combien |
| wo/wohin | – où | wer | – qui |
| wann | – quand | welcher/welche | – quel/quelle |
| um wieviel Uhr | – à quelle heure | ob | – si |

**3** Magali konnte nicht auf die Party von Brigitte gehen. Jetzt will sie genau wissen, was sie verpaßt hat.
Vervollständige mit dem passenden Fragewort.

«Tiens, salut Brigitte! Raconte-moi vite ta soirée d'hier. Je voudrais savoir

_____¹ est venu du collège et _____² de copains de la M.J.C.

sont allés à ta fête. Dis-moi aussi avec _____³ tu as dansé, _____⁴ cadeau Yves t'a fait pour ton anniversaire, _____⁵ vous

avez arrêté la fête, _____⁶ vous êtes allés après et _____⁷

personne (keiner) n'est venu au collège aujourd'hui en première heure!»

# Test

I  Ordne die Fragen und Antworten einander zu.

| question | 1 | 2 | 3 | 4 | 5 |
|---|---|---|---|---|---|
| réponse | e | | | | |

4 points

**II** Wandle jetzt die Sätze von Test I in indirekte Fragen und Antworten um. Denke daran, daß du die Objektpronomen, die Verbformen und die Possessivbegleiter verändern mußt!

1. M. Genêt _veut savoir si Magali passe en sixième._
   Magali _répond qu'elle redouble._

2. Il demande aussi pourquoi _____
   _____

3. Yves veut savoir _____
   _____

4. Frédéric _____
   _____

5. Clotilde _____
   _____

| 8 points |

# 4 Das Perfekt (1)
*Le passé composé*

A Die Bildung des *passé composé* mit *avoir*
B Die Bildung des Partizips Perfekt
C Das *passé composé* in der verneinten Form
D Die Bildung des *passé composé* mit *être*

## A Die Bildung des *passé composé* mit *avoir*

| Nous | **avons** | travaillé. | | Wir haben gearbeitet. |
|---|---|---|---|---|
| Elle | **a** | **vu** | la tour Eiffel. | Sie hat den Eiffelturm gesehen. |
| Ils | **ont** | **visité** | un musée. | Sie haben ein Museum besucht. |
| | konjugierte Form von *avoir* | Partizip Perfekt | | |

Das *passé composé* der meisten Verben wird aus diesen zwei Elementen gebildet: aus der konjugierten Form von *avoir* und dem Partizip Perfekt.

1 Unterstreiche im folgenden Text die Formen des *passé composé*, und schreibe sie heraus.

Après les vacances, Brigitte retrouve sa copine de classe:

Et alors Brigitte, tes vacances...?

«Super! Tu sais, j'ai passé quinze jours à Berlin en Allemagne chez ma correspondante Fatima. La famille a été très gentille avec moi. Nous avons fait beaucoup d'excursions. J'ai vu par exemple la tour de la télévision (Fernsehturm). Mais quel monde devant les

1 j'ai passé
2 _____
3 _____
4 _____

caisses, il a fallu attendre une heure pour pouvoir monter. Nous avons pris le café dans le restaurant de la tour. Quelle surprise!
Après Fatima a dit: ‹Et ce soir, nous allons au théâtre.› Alors j'ai mis une robe très jolie, mais Fatima m'a donné un jean. J'ai eu un choc! ‹Tu vas regarder la pièce *Linie 1,* c'est pour les jeunes,› a dit le frère de Fatima.
Au théâtre, je n'ai pas compris les dialogues, mais Fatima m'a raconté l'histoire. Le spectacle a été fantastique.»

## B  Die Bildung des Partizips Perfekt

Für die Bildung des Partizips Perfekt (P.P.) mußt du dir folgendes merken:

- Die Verben auf *-er* bilden das P.P. auf *é*.

| | |
|---|---|
| acheter | J'ai acheté. |
| commencer | Vous avez commencé. |

- Die Verben auf *-re* bilden das P.P. auf *u*.

| | |
|---|---|
| attendre | Il a attendu. |
| rendre | La marchande a rendu six francs. |

- Die Verben auf *-ir* bilden das P.P. auf *i*.

| | |
|---|---|
| dormir | Elle a dormi. |
| finir | Ils ont fini. |

- Bei einer Gruppe von Verben mußt du die Form des Partizips auswendig lernen. Sie hält sich aber in Grenzen. Hier ist sie:

| Infinitiv | | Partizip Perfekt |
|---|---|---|
| faire | machen | fait |
| dire | sagen | dit |
| écrire | schreiben | écrit |
| mettre | setzen, stellen, legen | mis |
| prendre | nehmen | pris |
| | | |
| lire | lesen | lu |
| voir | sehen | vu |
| boire | trinken | bu |
| pouvoir | können | pu |
| devoir | müssen, sollen | dû |
| savoir | wissen | su |
| il faut | man muß | il a fallu |
| | | |
| ouvrir | öffnen | ouvert |
| offrir | anbieten | offert |
| | | |
| avoir | haben | eu |
| être | sein | été |

**2** Stelle dir für die folgende Übung eine Zeitmaschine vor:

Man schiebt die Infinitive hindurch ⟶ und erhält das Partizip Perfekt.

1. répondre → répondu
2. comprendre _____
3. faire _____
4. envoyer _____
5. voir _____
6. être _____
7. mettre _____
8. lire _____
9. devoir _____
10. ouvrir _____

**3** Coco aime bien parler. Il est même très intelligent et il répète toutes les phrases au *passé composé*.
Mach es wie er, und wiederhole auch alles im *passé composé*.

1. Grand-père fête son anniversaire. — *Grand-père a fêté son anniversaire.*
2. Nous invitons beaucoup d'amis. _____
3. On fait une grande fête. _____
4. Le soir, nous buvons un verre de champagne. _____
5. Tu peux aller à la discothèque? _____

6. J'ai faim. _____
7. Grand-père et Brigitte voient un match de foot à la télé. _____
8. A quelle heure est-ce que vous prenez le petit déjeuner? _____
9. Magali et Brigitte écrivent des lettres d'amour. _____
10. Frédo danse avec une jolie fille. _____
11. J'attends devant le cinéma. _____
12. Maman et papa, vous écoutez de la musique pop? _____
13. Nous sommes à la piscine. _____
14. Ils veulent acheter une maison. _____
15. Cloclo, est-ce que tu offres des biscuits? _____
16. Vous mettez les vêtements dans la valise? _____
17. Yves range sa chambre. _____
18. Pour avoir de l'argent on vend quelque chose au marché aux puces. _____
19. Avec cette grippe, il faut rester au lit. _____
20. Magali et Frédo organisent une excursion pour les correspondants allemands. _____

## C  Das *passé composé* in der verneinten Form

Wie schon bei den Modalverben und dem *futur composé* umschließen die Verneinungselemente auch hier das konjugierte Verb – in diesem Fall die konjugierte Form von *avoir*.

> Nous **n'**avons **pas** travaillé.
> Elle **n'**a **rien** vu.
> Ils **n'**ont **jamais** visité un musée.

4  Cloclo rentre de l'école maternelle (Vorschule). Elle pleure. Frédo lui demande: «Mais qu'est-ce qu'il y a, Cloclo?»
Benutze das *passé composé* und die Verneinung.

1. Les autres enfants _____ avec moi.  ne pas jouer
2. Je *n'ai pas eu* le ballon.  ne pas avoir
3. La maîtresse (Kindergärtnerin) _____!  ne rien dire
4. Mon copain Jacques _____ là aujourd'hui.  ne pas être
5. Je _____ parce que les autres enfants  ne pas manger
   ont tout pris.
6. La maîtresse _____  ne pas faire
   quand les autres ont fait des bêtises (Dummheiten).  attention
7. Je _____.  ne pas écrire
8. Les autres enfants _____  ne pas ranger
   leurs affaires. Mais la maîtresse m'a dit:
   «Cloclo, pourquoi tu _____ ta place?»  ne pas ranger

# D  Die Bildung des *passé composé* mit *être*

Nun werden nicht alle Verben im *passé composé* mit *avoir* gebildet – es gibt auch einige Verben, die mit der konjugierten Form von *être* gebildet werden. Diese mit *être* gebildeten lassen sich aber recht gut unterscheiden, denn sie drücken alle die Richtung einer Bewegung aus. Kater Clochard wird dir helfen, dir diese Verben zu merken.

Hier ist noch einmal die Übersicht der Verben, die im *passé composé* mit *être* gebildet werden:

| monter    | hinaufsteigen    |
| partir    | weggehen/-fahren |
| arriver   | ankommen         |
| entrer    | eintreten        |
| tomber    | fallen           |
| aller     | gehen            |
| venir     | kommen           |
| descendre | hinuntergehen    |
| retourner | zurückkommen     |
| rester    | bleiben          |
| sortir    | hinausgehen      |

5  Frédo a cherché Clochard partout. Il raconte: «Quelle journée hier!!

1. *Je suis monté.*
2. _____
3. _____
4. _____
5. _____
6. _____
7. _____
8. _____
9. _____
10. _____
11. _____.»

**6** Es gibt noch eine andere Möglichkeit, wie du dir diese Verben merken kannst: Du kannst Gegensatzpaare bilden.
Fülle bei den Kirschpaaren die Lücken jeweils mit dem Verb, das das Gegenteil ausdrückt. Einige Verben kommen dabei zweimal vor.

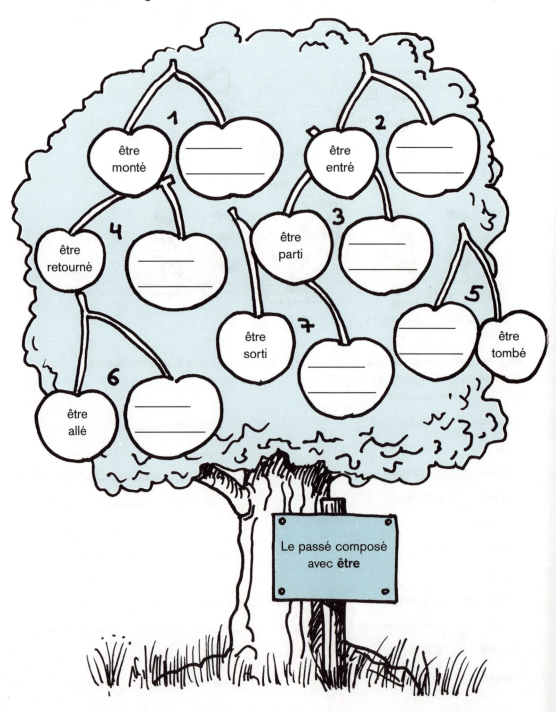

Bei den Verben, die im *passé composé* mit *être* gebildet werden, gibt es allerdings noch eine Besonderheit zu beachten.

> **Yves** est mont**é** dans sa chambre.    **Magali** est sorti**e** avec Rolf.
> **Frédo et son père** sont all**és** au cinéma.    **Brigitte et sa mère** sont parti**es**.

Bei der Bildung des *passé composé* mit *être* wird das Partizip Perfekt (z. B. *monté*) dem Subjekt in Geschlecht und Zahl angeglichen. Dieses Prinzip kennst du schon vom Adjektiv.

| Subjekt | | Partizip Perfekt | | |
|---|---|---|---|---|
| maskulin/Singular | + | monté | parti | descendu |
| feminin/Singular | +**e** | mont**ée** | part**ie** | descend**ue** |
| maskulin/Plural* | +**s** | mont**és** | part**is** | descend**us** |
| feminin/Plural | +**es** | mont**ées** | part**ies** | descend**ues** |

\* Du weißt es sicher schon: Sobald in einer Gruppe eine männliche Person ist, wird die maskuline Pluralform verwendet.

**7  Un week-end mouvementé (aufregend)**
Frédéric schreibt Tagebuch. Das letzte Wochenende war sehr aufregend, deshalb ist er nur dazu gekommen, sich Notizen zu machen. Aber heute schreibt er alles ins reine. Versetze dich in seine Lage.

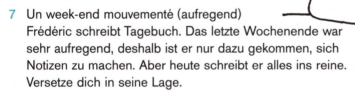

1. Vendredi/je/arriver trop tard au collège
2. Clotilde/tomber de l'escalier
3. Maman et papa/monter dans un taxi pour aller chercher tante Louise à la gare
4. Je/rester à la maison pour faire attention à Cloclo
5. Le train de Cherbourg/arriver à 18 heures
6. Un peu plus tard/tante Louise/descendre du train

7. Tous les trois/rentrer en bus
8. Samedi/nous/sortir ensemble
9. Dimanche matin/Brigitte et Magali/venir à la maison/dire bonjour à tante Louise
10. Dimanche soir/tante Louise partir
11. Cloclo/aller aussi à la gare
12. Nous/être tristes/parce que nous aimons bien tante Louise

1. Vendredi, je suis arrivé trop tard au collège.
2. 
3. 
4. 
5. 
6. 
7. 
8. 
9. 
10. 
11. 
12.

# Test

**I** Verbinde die folgenden Satzhälften so, daß sie einen sinnvollen Satz ergeben. Setze dabei jeweils die erste Satzhälfte ins Präsens und die zweite ins *passé composé*.

Frédo est triste parce qu'il a eu des problèmes à l'école et à la maison:

1. redoubler la classe
2. avoir une discussion terrible avec ses parents
3. être seul dans la chambre
4. avoir des mauvaises notes

*parce que*

a) ne pas faire ses devoirs
b) ne pas travailler
c) bavarder avec ses camarades
d) dire des choses méchantes (häßlich) aux parents

Ce soir,

5. aller un peu mieux
6. être content

e) téléphoner à un ami
f) voir ses copains au café

1. b) *Frédo redouble* _____

2. ___ *Il* _____

3. ___ _____

4. ___ _____

5. ___ _____

6. ___ _____

| | 6 points |

39

II  Coco est malade. Voilà ses phrases au passé composé, mais il a fait des fautes. Tu vas les corriger.

1. Elles ont écrivé des lettres d'amour.
   _____

2. Pendant les vacances, ils sont été sur la Côte d'Azur.
   _____

3. Nous sommes offrir des cadeaux.
   _____

4. J'ai voyez un match de tennis à la télé.
   _____

5. Magali as mis le gâteau au four.
   _____

6. Est-ce que vous êtes faites une promenade à la mer?
   _____

| 6 points

III  Jetzt wird's ernst. In der folgenden Testaufgabe werden nun alle Verben – ob mit *avoir* oder *être* gebildet – geübt. Setze die richtigen Formen ein.

Mme Pipelette, la concierge de la maison où habitent Magali et ses parents, fait ses courses chez M. Bonsens, l'épicier du quartier.

Mme Pipelette: Ecoutez, M. Bonsens, je dois vous raconter

quelque chose à propos de cette jeune fille Magali. Les jeunes

aujourd'hui, c'est incroyable (unglaublich)! Hier après-midi,

Magali _____¹ vers trois heures du collège.      rentrer

Un peu plus tard, son amie, Brigitte _____²      arriver

aussi. J' _____³ à mon mari (Ehemann):            dire

«Elles vont peut-être faire leurs devoirs ensemble.» Mais non,

au contraire, une demi-heure plus tard, toutes les deux

_____⁴. Elles _____⁵ des              repartir,

jupes bien courtes et des boucles d'oreille (Ohrringe). Vers cinq   mettre heures, sa mère _____ ⁶ de son travail. Bien sûr, elle        revenir

_____ ⁷ Magali. Elle _____ ⁸                         ne pas trouver, venir

chez moi et elle _____ ⁹:                                      demander

«Vous ne savez pas où est ma fille?»

Evidemment (natürlich) je _____                                ne pas pouvoir

_____ ¹⁰.                                                      répondre

Alors elle _____ ¹¹ à la maison pour les attendre.             rester

Après, mon mari _____ ¹² à la boulangerie.                     aller

_____ ¹³ acheter du pain. Et qu'est-ce qu'il                   falloir

_____ ¹⁴? Eh bien, Magali, Brigitte et deux garçons; ils       voir

_____ ¹⁵ du bistro à côté de la boulangerie.                   sortir

Ensuite tous les quatre _____ ¹⁶ dans le                       monter

bus pour aller en ville. Quelle jeunesse!!

M. Bonsens: Mais Mme Pipelette, si elles _____ ¹⁷              rentrer

avant 22 heures, ce n'est pas un drame.

Mme Pipelette: Comment, pas un drame?... Elles _____           revenir

_____ ¹⁸ vers 21 heures, d'accord. Mais qu'est-ce que

j' _____ ¹⁹ quand ils _____ ²⁰                               voir, descendre

du bus…? Les garçons _____ ²¹                                  embrasser

les jeunes filles.

M. Bonsens: C'est normal; ils _____ ²²                         tomber

amoureux de (sich verlieben) ces jeunes filles. A notre époque,

c'était (war es) la même chose!

Mme Pipelette: Ah, M. Bonsens, je ne vous comprends pas.

Au revoir!

M. Bonsens: Mais madame! Mme Pipelette, vous _____             ne rien acheter

_____ ²³.

23 points

# 5 Das Adverb
*L'adverbe*

Im bisherigen Französischunterricht hast du schon einige Adverbien kennengelernt. Vielleicht ist dir aufgefallen, daß viele einfache Adverbien ihren Platz meist nach dem konjugierten Verb haben – in zusammengesetzten Zeiten also nach der konjugierten Form von *aller*, *avoir* oder *être*.

| | | |
|---|---|---|
| beaucoup | sehr | Il parle **beaucoup.** |
| trop | zu viel | Ils ont **trop** mangé. |
| toujours | immer | Elle est **toujours** rentrée à 15 heures. |
| encore | noch | Il reste **encore** des crêpes. |
| vite | schnell | Elle prend **vite** une douche. |
| tout de suite | sofort | Cloclo, rentre **tout de suite** du balcon! |
| bien | gerne, recht | J'aime **bien** écouter de la musique. |
| | sehr, gut | Yves travaille **bien** à l'école. |
| souvent | oft | Je suis **souvent** chez une copine. |
| | | Je ne suis pas **souvent** chez ma mère.* |

*Im verneinten Satz folgt das Adverb unmittelbar auf die Verneinungspartikel.

Adverbien der bestimmten Zeit und des Ortes stehen dagegen meist am Anfang oder am Ende des Satzes. Dazu gehören:

| | | |
|---|---|---|
| maintenant | nun | **Maintenant,** on va faire une boum. |
| alors | also, nun | **Alors,** on y va? |
| tout à coup | plötzlich | **Tout à coup,** j'entends un bruit. |
| là-bas | dahinten, dort | Tu vois la blonde **là-bas**? |

Das Adverb *très* steht immer vor dem Adjektiv oder Adverb, zu dem es gehört. Auch *bien* kann zu einem Adjektiv oder Adverb gehören und hat dann dieselbe Stellung.

| | | |
|---|---|---|
| très | sehr | C'est un **très** bon joueur. |
| bien | gerne, recht | Il est **bien** fatigué. |
| | sehr, gut | On nous a servi ce plat **bien** chaud. |

Achtung bei *peut-être*! Hier gehst du auf Nummer sicher, wenn du den Platz nach dem konjugierten Verb wählst; denn bei der Anfangsstellung darfst du auf keinen Fall das *que* oder *qu'* vergessen.

| peut-être | vielleicht | Il est **peut-être** à la maison. |
| | | **Peut-être qu'**il est à la maison. |

1 Magali et Brigitte – des copines inséparables (unzertrennlich)
   Setze in die folgende Übung alle Adverbien sinngemäß richtig ein.

| toujours | très (3x) | souvent (2x) | bien |
| encore (2x) | trop | maintenant | tout de suite |
| vite | alors (2x) | tout à coup | peut-être |

1. Magali et Brigitte sont *souvent* ensemble.
2. Elles ont _____ quelque chose à se raconter.
3. Pendant les cours, par exemple, le professeur les dispute (ermahnt) _____.
4. *Alors*, elles arrêtent (aufhören) _____ de parler.
5. Mais cinq minutes après, elles ont _____ quelque chose à se dire.
6. Le professeur: «Magali et Brigitte, écoutez, vous parlez _____.
7. Je suis *très* fâché avec vous.
8. _____, je vais téléphoner à vos parents.»
9. Après le cours, Brigitte dit à Magali: «Ecoute, je vais _____ rentrer pour expliquer cette histoire à ma mère.»
10. Magali: «Je pense que ta mère va comprendre. Mais chez moi, c'est difficile. Ma mère est _____ sévère (streng).»
11. Brigitte propose: « _____, attends _____ un peu. Le prof ne téléphone _____ pas aujourd'hui.»
12. A la maison, Magali raconte à sa mère: «Maman, j'ai _____ travaillé. M. Rioux est _____ content de moi.»
    La mère: «Moi aussi, je suis contente.»
13. _____, le téléphone sonne…

## 2 Le petit traducteur

Achtung, jetzt wird gemischt: Sätze im Präsens und im Perfekt.
Achte auf die Stellung des Adverbs.

1. M. Bonsens hat das Problem schnell verstanden.

2. Cloclo ist allein zu Hause; ihre Eltern sind noch im Theater.

3. Frédo hat viel gearbeitet in diesem Jahr.

4. Nun hat er gute Noten.

5. Yves hat oft mit dem Computer gespielt (jouer à l'ordinateur).

6. Aber er hat nicht oft seine Freunde getroffen.

7. Vielleicht werden die Großeltern von Brigitte während der Sommerferien kommen.
   (Benutze das *futur composé*.)

# 6 Der indefinite Begleiter *tout*
## Le déterminant indéfini «tout»

| | |
|---|---|
| Brigitte a mangé **tout** le gâteau. | ... den **ganzen** Kuchen |
| Frédéric a dormi **toute** la journée. | ... den **ganzen** Tag |
| Il n'y a pas de solutions (Lösungen) à **tous** les problèmes. | ... für **alle** Probleme |
| Il y a des embouteillages (Staus) dans **toutes** les villes. | ... in **allen** Städten |

Bei der Verwendung des indefiniten Begleiters *tout* mußt du auf seine Bedeutung, auf seine Stellung und auf die Angleichung an das zugehörige Nomen achten.

- Die Bedeutung:

  Singular → tout, toute – ganz
  Plural → tous, toutes – alle

Vergleiche auch folgende geläufige Redewendungen:
tout le temps – die ganze Zeit    tous les deux – alle beide

- Die Stellung:

  tout
  toute  } + Artikel + Nomen
  tous
  toutes

- Außerdem mußt du *tout* dem Geschlecht und der Anzahl des Nomens angleichen, auf das es sich bezieht.

| | ♂ | ♀ |
|---|---|---|
| Singular | **tout** le gâteau | **toute** la journée |
| Plural | **tous** les problèmes | **toutes** les villes |

1   Clochard était seul à la maison…
    Kater Clochard mußte allein zu Hause bleiben. In der Küche hat er alles durcheinandergebracht.
    Setze sowohl die verschiedenen Formen von *tout* als auch den richtigen Artikel ein.

Clochard a ouvert _toutes les_ armoires[1], il a grignoté (geknabbert)

_____ fruits[2]. Il a mangé _____ fromage[3] et bu

_____ lait[4]. Il a renversé (umgekippt) _____ tasses[5]. Il a

aussi déchiré (zerrissen) _____ serviettes de cuisine[6] et

_____ journaux[7]. En plus, il a renversé _____ poubelle[8]

(*f*, Mülleimer) et il a cassé _____ vaisselle (*f*, Geschirr). Et puis,

_____ famille[10] est rentrée à la maison.

Nun noch ein paar Besonderheiten:

> Le grand-père a invité **tous ses** amis.
> Regarde **tous ces** gâteaux.
>
> Il a offert du champagne **à tout** le monde.
> Magali a fait une photo **de tous** les invités.

*Tout* kann außer mit einem Artikel auch kombiniert werden:
• mit anderen Begleitern (Possessivbegleiter, Demonstrativbegleiter)
• und mit Präpositionen. Aber Achtung: keine Verschmelzung!

> **Tout le monde** est arrivé en retard.     **Alle** sind zu spät angekommen.

Obwohl *tout le monde* im Deutschen oft mit „alle" übersetzt wird, steht es wie „jedermann" in der Einzahl, entsprechend dem Nomen *le monde*.

> Yves a **tout** compris.           Yves hat **alles** verstanden.

Hier hat *tout* die Bedeutung von „alles" und steht ohne Artikel und Nomen – es bleibt unverändert.

2  Magali a tout expliqué, mais Rolf n'a rien compris.
   Magali hat für Rolf Sätze mit *tout* vorbereitet, aber er hat die Lücken nicht füllen können.

1. Après cette boum, je vais dormir _____ journée.
2. Yves a parlé _____ amis et il a dansé _____ temps avec les autres, mais pas avec Katrin.
3. _____ dit une phrase en allemand.
4. Je n'ai pas encore _____ vu de Paris, _____ curiosités, _____ quartiers.
5. Il faut rester _____ année.
6. J'ai déjà fait une photo _____ amis français.

| den ganzen |
| mit allen seinen |
| die ganze |
| alle haben |
| alles |
| alle seine (2x) |
| ein ganzes |
| von allen meinen |

# Test

I  Le petit traducteur

1. Brigitte und Yves haben <u>alle ihre</u> Freunde eingeladen.

   _____

2. <u>Alle</u> haben etwas mitgebracht.

   _____

3. Sie haben <u>alle</u> Flaschen geleert (vidé) und <u>alles</u> gegessen: <u>alle</u> Salate, <u>alle</u> Nachspeisen und <u>das ganze</u> Brot.

   _____

   _____

   _____

4. <u>Die ganze</u> Nacht haben sie Musik gehört und getanzt.

   _____

   _____

5. Die Eltern haben <u>allen</u> Nachbarn (voisins) erklärt, daß <u>alle beide</u> (alle zwei), Brigitte und Yves, ihren Geburtstag zusammen feiern.

_____

_____

_____

Ein Punkt für jedes richtig eingesetzte *tout*.

10 points

# 7 Der Teilungsartikel
## *L'article partitif*

A  Bildung und Verwendung des Teilungsartikels
B  Teilungsartikel und Mengenangaben
C  Ausnahmeregeln

## A  Bildung und Verwendung des Teilungsartikels

|  | | |
|---|---|---|
| J'achète | **des** tomates, **des** pêches, **des** pommes et | **du** fromage, **de la** confiture, **de l'**ail (Knoblauch). |
| Ich kaufe | Tomaten, Pfirsiche, Äpfel | Käse, Konfitüre, und Knoblauch. |

Sicher ist dir aufgefallen, daß bei einer so ungenauen Angabe wie „Salat" oder „Äpfel" im Französischen auch ein Artikel steht.

| Bei Dingen, **die zählbar sind**, steht der unbestimmte Artikel Plural. | Bei Dingen, **die nicht zählbar sind**, steht der Teilungsartikel. |
|---|---|
| **des** tomates<br>**des** pêches<br>**des** pommes | de + le = du    **du** fromage<br>de + la = de la  **de la** confiture<br>de + l' = de l'  **de l'**ail |
| **unbestimmter Artikel Plural** | **Teilungsartikel** |

Beim Teilungsartikel besteht die Vorstellung, daß von einer gesamten Menge (z. B. von Käse) ein bestimmter Teil genommen wird.

Auch bei Begriffen, die keine Lebensmittel bezeichnen, besteht die Vorstellung von einem Anteil eines Ganzen.

J'ai du courage.   le courage       Yves fait du foot.          le foot

J'ai de la force.  la force         Frédo fait du piano.        le piano

J'ai de l'argent.  l'argent         Magali fait de la natation. la natation

Der Teilungsartikel wird also benutzt:
- für die Bezeichnung einer unbestimmten Menge von Dingen, die nicht zählbar sind,
- bei abstrakten Begriffen, bei denen die Vorstellung eines unbestimmten Anteils besteht,
- bei der Konstruktion *faire* + Aktivität.

1  Brigitte fait un régime (Diät).
   Voilà son plan pour deux semaines.

**Le matin,**
Brigitte prend _____        pain gris

et _____.                   margarine *f*

Elle boit _____             café sans sucre

et elle fait _____.         jogging

**A midi,**
elle mange _____            poisson *m* (Fisch)

et _____.                   salade

Elle boit _____.            eau minérale

Une heure après, elle fait _____.   natation

**Le soir,**
Brigitte mange _____,  yaourt

elle boit _____  thé noir

et elle fait _____.  danse

**Vers 23 heures,**
Brigitte prend _____  jus de fruits

et elle fait _____.  yoga *m*

Après 15 jours:

## B  Teilungsartikel und Mengenangaben

Wenn man nun einen Gegenstand oder einen abstrakten Begriff mengenmäßig **genauer** bezeichnen will, benutzt man:

| | | |
|---|---|---|
| • Zahlwörter | **une** salade<br>**deux** melons<br>... | |
| • genaue Mengen-<br>angaben | **une gousse** (Knolle) **d'**ail<br>**un kilo de** tomates<br>**un litre de** lait | Nach diesen<br>Mengenangaben steht<br>nur **de**.<br>Ein Artikel entfällt hier. |
| • allgemeinere Mengen-<br>angaben | **beaucoup d'**argent<br>**assez de** sucre<br>**peu de** beurre | |
| • die „Nullmenge" | ne ... **pas de** courage<br>ne ... **plus d'**argent<br>ne ... **jamais de** sucre | |

**2  Au café du marché**

Im Café am Markt hört man viele Gespräche – allerdings etwas unvollständig.
Setze die richtigen Artikel, Teilungsartikel, Zahlwörter oder Mengenangaben ein.

## C Ausnahmeregeln

Es gibt aber auch Fälle, in denen die bisher genannten Regeln nicht gelten.

- Bei Verallgemeinerungen und nach den Verben *aimer* und *préférer* steht der bestimmte Artikel.

| | |
|---|---|
| **L'alcool** est un danger, quand on prend la voiture.<br>**La salade** est bonne pour la santé. | **Alkohol** ist eine Gefahr, wenn man mit dem Auto fährt.<br>**Salat** ist gut für die Gesundheit. |
| Moi, j'aime bien **la salade**.<br>Non, je **n'aime pas la salade**, je préfère **le melon**. | Ich mag gerne **Salat**.<br>Ich mag keinen **Salat**, ich bevorzuge **Melone**. |

In diesen Sätzen geht es nicht um einen unbestimmten Anteil, sondern um den Gegenstand im allgemeinen. Soll ein Satz so eine Verallgemeinerung ausdrücken, dann wird das im Französischen durch den bestimmten Artikel ausgedrückt (*le, la, l', les*) – und das auch bei der Verneinung.

- Nach *sans* steht kein Begleiter.

Je mange le melon **sans sucre**.
Je bois le thé **sans lait**.

*Sans* verträgt sich mit gar keinem Artikel. Hier bleibt das Nomen ohne Begleiter.

- Im Gegensatz dazu verlangt *avec* in der Regel den Teilungsartikel.

J'aime les crevettes **avec de la** mayonnaise.

- Bei *avoir faim, avoir soif, avoir peur* steht kein Begleiter.

Après le sport, Brigitte **a faim** et Yves **a soif**.
Clotilde est seule à la maison, alors elle **a peur**.

Die Wendungen *avoir faim / soif / peur* sind so eng miteinander verbunden, daß die Nomen hier keinen Begleiter benötigen.

**3** Tout le monde est à table.
Bilde aus den Notizen vollständige Sätze. Überlege, welche Art von Begleiter du einsetzen mußt.

1. Je _____     prendre encore/ un peu/viande

2. Je _____     ne pas/aimer/ riz

3. _____ riz _____     riz/être bon/ santé

4. Je _____     préférer/ pommes de terre

5. _____     avec/sauce/?

6. Est ce-qu'on _____     écouter/ musique/?

7. Je _____     ne pas/aimer/ musique classique/!

8. Est ce-qu'on _____     manger/crêpes/ après?

9. Je _____     préférer/crêpes/ sucre/sans

10. Comment est-ce _____     comment/crêpes/ faire/?

11. _____     avec/farine/ beurre/œufs
    _____

12. Je _____ parce que     ne plus/vouloir manger/dessert/
    j'ai _____ crêpes.     avoir mangé/ trop/crêpes

# Test

**I** Rolf et Magali font les courses chez l'épicier, M. Bonsens.
Unterstreiche bei den folgenden Sätzen die richtige Form.

1. D'abord, ils achètent
   - un beurre
   - du beurre
   - le beurre
   - de beurre
   
   et / un pot
   
   - de la confiture.
   - la confiture.
   - de confiture.
   - une confiture.

2. Ensuite, ils prennent trois sortes
   - le fromage
   - de fromage
   - un fromage
   - du fromage
   
   et / deux
   
   - de baguettes.
   - les baguettes.
   - des baguettes.
   - baguettes.

3. Magali aime aussi
   - les croissants
   - des croissants
   - croissants
   - de croissants
   
   avec
   
   - un chocolat.
   - du chocolat.
   - le chocolat.
   - de chocolat.

4. Rolf: M. Bonsens, est-ce que vous avez
   - des cigarettes?
   - les cigarettes?
   - cigarettes?
   - de cigarettes?

5. M. Bonsens: Vous savez très bien que je n'ai jamais
   - les cigarettes
   - cigarettes
   - de cigarettes
   - des cigarettes
   
   parce que
   
   - du tabac
   - le tabac
   - un tabac
   - tabac
   
   n'est pas bon pour la santé!

6. M. Bonsens: Moi, je préfère
   - du vin rouge,
   - un vin rouge,
   - de vin rouge,
   - le vin rouge,
   
   un verre / de
   
   - vin rouge
   - de vin rouge
   - du vin rouge
   - à vin rouge
   
   est bon pour la santé.

7. Magali: Ah lala, Tous ces drogués !!
   
   Moi, je peux vivre (leben) sans
   - alcool
   - l'alcool
   - de l'alcool
   - un alcool
   
   et je ne fume pas
   - des cigarettes.
   - de cigarettes.
   - cigarettes.
   - les cigarettes.

13 points

II  Le petit traducteur

1. Brigitte betrachtet das Schaufenster (étalage *m*) mit Anoraks und Mänteln.

2. Um Fisch (poisson *m*) zuzubereiten, braucht man Zitronensaft.

3. Während der Ferien sind viele Touristen am Meer (au bord de la mer).

4. In Italien (en Italie) gibt es Brot ohne Salz.

5. Ich bevorzuge Brot mit Salz.

6. Yves macht Sport, und Frédo macht Musik.

7. Cloclo fragt Frédo: Hast du ein bißchen Geld für mich?

8. Katrin mag gerne Tomatensalat.

9. Magali erklärt: Ich habe Mut, selbst wenn (même si) ich Angst habe.

Zwei Punkte pro Satz – ein Punkt Abzug pro Fehler.    18 points

# 8 Verben mit Stammerweiterung
## *Les verbes en -ir du type «finir»*

A Verben auf *-ir* mit Stammerweiterung
B Der Verbtyp *connaître*

## A Verben auf *-ir* mit Stammerweiterung

Verben, die auf *-ir* enden (z.B. *dormir*), hast du ja bereits kennengelernt. Die folgende Gruppe von Verben wird dir auch keine Schwierigkeiten bereiten, sobald du das Prinzip verstanden hast.

**finir** (beenden)

| | | | |
|---|---|---|---|
| Präsens: | Je | fini **s** | ma lettre. |
| | Tu | fini **s** | tes devoirs? |
| | Elle/Il | fini **t** | son repas. |
| | Nous | fini **ss ons** | de nettoyer l'appartement. |
| | Vous | fini **ss ez** | de lire de roman. |
| | Elles/Ils | fini **ss ent** | de parler de leur voyage. |

↓
Stamm **erweiterung**

| | | | |
|---|---|---|---|
| Perfekt: | J'ai | fini | ma lettre. |

Genauso werden konjugiert:

remplir (füllen, ausfüllen)   Remplissez la bouteille.
choisir (wählen)   Choisissez votre dessert.
réfléchir (nachdenken)   Réfléchissez avant de commencer.
ralentir (verlangsamen)   Ralentissez dans les virages (Kurven).

1  Zunächst eine einfache Übung. Fülle die folgende Tabelle auf.

| Infinitiv | choisir | | |
|---|---|---|---|
| je | _____ | remplis | |
| tu | _____ | _____ | |
| elle/il | choisit | _____ | |
| nous | _____ | _____ | |
| vous | _____ | _____ | |
| elles/ils | _____ | _____ | |
| Perfekt | _____ | avoir rempli | |
| Infinitiv | réfléchir | ralentir | |
| je | _____ | _____ | |
| tu | _____ | ralentis | |
| elle/il | _____ | _____ | |
| nous | _____ | _____ | |
| vous | réfléchissez | _____ | |
| elles/ils | _____ | _____ | |
| Perfekt | _____ | avoir ralenti | |

Erinnerst du dich noch an die Verben auf -ir im ersten Band? Verwechsle sie nicht mit den Verben mit Stammerweiterung. Hier ist noch einmal eine Erinnerungsstütze.

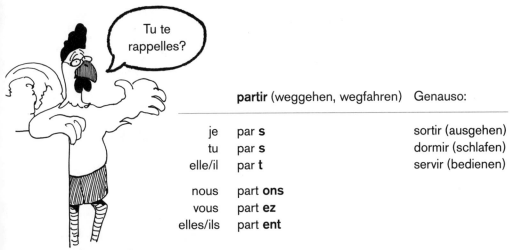

Tu te rappelles?

**partir** (weggehen, wegfahren)   Genauso:

| | | |
|---:|---|---|
| je | par **s** | sortir (ausgehen) |
| tu | par **s** | dormir (schlafen) |
| elle/il | par **t** | servir (bedienen) |
| nous | part **ons** | |
| vous | part **ez** | |
| elles/ils | part **ent** | |

Jetzt kommt eine Übung, in der beide auf -ir endenden Verbtypen – mit und ohne Stammerweiterung – gemischt werden.

## 2 Cloclo et les verbes

Cloclo ist ja noch klein und macht bei den Verben manchmal noch Fehler. Du kannst ihre Fehler sicher korrigieren.

| verbes conjugués | correct | faux | corrigé |
|---|---|---|---|
| 1. je sortis |  | X | *je sors* |
| 2. ils remplissent |  |  | _____ |
| 3. tu fins |  |  | _____ |
| 4. nous dormons |  |  | _____ |
| 5. elle choix |  |  | _____ |
| 6. vous partiez |  |  | _____ |
| 7. nous réfléchons |  |  | _____ |
| 8. elles finirent |  |  | _____ |
| 9. vous ralentissez |  |  | _____ |
| 10. tu dormis |  |  | _____ |
| 11. nous sortissons |  |  | _____ |

## B Der Verbtyp *connaître*

Diese Sorte von Verben unterscheidet sich nicht sehr von der vorher behandelten Gruppe; auch sie weist eine Stammerweiterung auf sowie bei der 3. Person Singular ein ^ auf dem *i*.

**connaître** (kennen)

| Präsens: | je | connai **s** |  |
| | tu | connai **s** |  |
| | elle/il | connaî **t** | ^ |
| | nous | connai **ss ons** | ss |
| | vous | connai **ss ez** | ss |
| | elles/ils | connai **ss ent** | ss |

↓
Stamm **erweiterung**

Perfekt: j'ai connu

Attention!

Genauso werden konjugiert:

paraître (scheinen) — Il paraît qu'il a oublié son manteau.
apparaître (erscheinen) — Les acteurs (Schauspieler) apparaissent sur scène.

**3** On joue aux dés.
Yves, Frédo und Rolf spielen ein Würfelspiel.
Yves würfelt für das Verb *connaître*,
Frédo für das Verb *paraître*,
Rolf für das Verb *apparaître*.

⚀ = 1. ⎫
⚁ = 2. ⎬ Person Singular
⚂ = 3. ⎭

⚃ = 1. ⎫
⚄ = 2. ⎬ Person Plural
⚅ = 3. ⎭

Premier tour:

1. Rolf  = _____
2. Frédo  = _____
3. Yves  = _____

Deuxième tour:

4. Frédo ⚀ = _____
5. Yves ⚃ = _____
6. Rolf  = _____

Troisième tour:

7. Frédo ⚃ = _____
8. Rolf  = _____
9. Yves ⚁ = _____

Quatrième tour:

10. Yves ⚀ = _____
11. Frédo  = _____
12. Rolf  = _____

Qui a gagné? _____

# Test

I  On sort ce soir?

Unsere Freunde wissen nicht so recht, was sie am Freitagabend tun sollen, aber dann haben sie doch eine Idee.

Deine Aufgabe ist es, die folgenden Verben sinngemäß einzusetzen und richtig zu konjugieren.

| finir (2x) | choisir | dormir (2x) | réfléchir (2x) | sortir (2x) |
| partir (2x) | connaître (2x) | reconnaître (wiedererkennen) | | apparaître |
| | paraître | remplir | ouvrir (2x) | |

Yves:  Et qu'est-ce qu'on fait ce soir? Regarder la télé? Il y a le tour de France. On va _connaître_ ¹ le vainqueur (Sieger) de la cinquième étape.

Frédo:  Ah non, je n'aime pas le tour de France. Les filles, vous _____² un peu?

Katrin:  Moi, je _____³ ma lettre et puis je vais au lit, j'ai envie de _____⁴.

Brigitte:  Alors, on _____⁵ ce soir?

Magali:  D'accord, mais où? Attendez, je _____⁶ un peu. Dans une discothèque, peut-être.

Rolf:  Mmh, vous _____⁷ une discothèque pas trop chère?

Brigitte:  Il _____⁸ que la discothèque «Fièvre Jaune» n'est pas mal. Elle _____⁹ déjà à 21 heures.

Yves:  Alors, on _____¹⁰ vers 20 heures. Avant, je peux regarder encore le tour de France.

Magali, Brigitte et Katrin:  Et nous _____¹¹ nous allons mettre.

Cloclo:  Moi, je fais dodo (ich gehe schlafen) et vous, vous ne _____¹² pas?

62

Frédo: Mais non, Cloclo, pas encore. D'abord, on va _____ ¹³.

Cloclo: Tu me _____ ¹⁴ mon verre, Frédo; la nuit, j'ai toujours soif.

A 20 heures.

Rolf: Eh bien les filles, on peut _____ ¹⁵?

Yves: Ah, elles ne _____ ¹⁶ jamais à temps leurs préparatifs (Vorbereitungen).

Tout à coup, on _____ ¹⁷ la porte. Trois jeunes dames _____ ¹⁸. Rolf ne _____ ¹⁹ même pas sa Magali.

| 18 points

# 9 Infinitivkonstruktionen mit Präposition
## *L'infinitif avec préposition*

   A  Infinitivkonstruktionen mit *de*
   B  *être en train de faire qc* und *venir de faire qc*
   C  Infinitivkonstruktionen mit *à*

Wie du schon in den Kapiteln 1 und 2 gesehen hast, werden manche Verben durch den Infinitiv eines weiteren Verbs ergänzt. Du weißt bereits, daß nach folgenden Verben der Infinitiv **ohne** Präposition angeschlossen wird:

- nach den Modalverben (*vouloir, pouvoir, savoir, devoir*),
- nach den Verben *préférer faire qc* und *aimer faire qc*
- und beim *futur composé* nach dem Verb *aller*.

> Tu **peux venir** chez moi demain?
> Je **préfère boire** un thé.
> Nous **allons faire** un voyage.

In diesem Kapitel geht es nun um Infinitivkonstruktionen, die die Präposition *de* oder *à* erfordern.

## A  Infinitivkonstruktionen mit *de*

Es gibt eine Reihe von Verben und Redewendungen, bei denen der Infinitiv durch die Präposition *de* angeschlossen wird.

> J'ai envie **d'aller** chez toi, mais malheureusement,
> je n'ai pas le temps **de sortir.**

Diese Verben und Redewendungen lassen sich nicht eindeutig einteilen. Du mußt sie also auswendig lernen.

Die folgenden Infinitivkonstruktionen mit *de* solltest du inzwischen kennen und beherrschen:

| | |
|---|---|
| avoir envie de faire qc | Lust haben, etw. zu tun |
| avoir besoin de faire qc | etw. tun müssen |
| avoir peur de faire qc | Angst haben, etw. zu tun |
| avoir le temps de faire qc | Zeit haben, etw. zu tun |

| être content de faire qc | zufrieden sein, etw. zu tun |
| être triste de faire qc | traurig sein, etw. zu tun |
| être dangereux de faire qc | gefährlich sein, etw. zu tun |
| | |
| essayer de faire qc | versuchen, etw. zu tun |
| proposer de faire qc | vorschlagen, etw. zu tun |
| rêver de faire qc | davon träumen, etw. zu tun |
| oublier de faire qc | vergessen, etw. zu tun |
| décider de faire qc | beschließen, etw. zu tun |
| | |
| dire à qn de faire qc | jemandem sagen, etw. zu tun |

**1** Qu'est-ce qu'ils ont envie de faire?
Schau dir das Bild einmal an, und schreibe auf, was unsere Freunde tun wollen.

1. Mireille a envie de jouer avec l'ordinateur.
2. Robert a envie _____ la télé.
3. Magali _____ livre.
4. Frédéric _____.
5. Yves _____.
6. Brigitte _____.
7. Et Clotilde _____.

## B  *être en train de faire qc* und *venir de faire qc*

Auch diese beiden Infinitivkonstruktionen erfordern die Präposition *de:*

   être en train de faire qc  – dabei sein, etwas zu tun
   venir de faire qc          – gerade etwas getan haben

Ähnlich wie im *futur composé* etwas Zukünftiges mit *aller faire qc* ausgedrückt wird, so werden diese beiden Wendungen für die Verlaufsform bzw. die unmittelbare Vergangenheit gebraucht.

- *Etre en train de faire qc* (gerade dabei sein, etwas zu tun) drückt aus, daß ein Vorgang gerade stattfindet, daß etwas gerade geschieht.

| | |
|---|---|
| Paul, tu m'aides? | Paul, hilfst du mir? |
| Maman, une minute, | Eine Minute, Mama, ich bin gerade dabei, |
| **je suis en train de faire** mes maths! | meine Matheaufgaben zu machen. |

- *Venir de faire qc* (gerade etwas getan haben) drückt aus, daß ein Vorgang gerade abgeschlossen wurde.

| | |
|---|---|
| Frédéric est là? | Ist Frédéric da? |
| Oui, **il vient de rentrer.** | Ja, er ist gerade zurückgekommen. |

Wie bei allen anderen Infinitivkonstruktionen stehen die Objektpronomen auch hier vor dem Infinitiv.

| |
|---|
| Les enfants, vous pensez à fermer **les fenêtres**? |
| Mais, nous venons de **les** fermer. |

Sicherlich hast du mit diesen Sätzen keine Probleme gehabt. Machen wir also weiter.

Bei der nächsten Übung mußt du überlegen, ob die folgenden Verben mit Infinitivergänzung die Präposition *de* erfordern oder nicht.

## 2 La maladie d'amour

Vervollständige diesen Text mit den passenden Verben. Überlege dir zunächst, welche Verben die Präposition *de* erfordern.

| | | |
|---|---|---|
| être heureuse ___? | oublier ___? | rêver ___? |
| ne pas pouvoir ___? | aller ___? (2x) | ne pas avoir le temps ___? |
| ne pas avoir envie ___? | dire ___? | être triste ___? |

Depuis quelques semaines, Magali est bizarre (seltsam).

Elle met une chaussure noire et une autre marron.

Elle _____¹ faire ses exercices. Elle n'a plus de tête.

Elle _____² se concentrer en cours.

A la maison, ce n'est guère mieux (ist es kaum besser):

Quand sa mère lui _____³ l'aider, elle n'écoute pas. Rien ne l'intéresse:

elle _____⁴ rire avec ses copains, elle

_____⁵ sortir avec eux parce qu'elle écrit à Rolf

pendant des heures et quand elle n'écrit pas, elle reste à côté du téléphone.

Tous les jours, elle descend la première à la boîte à lettres: elle

_____⁶ avoir une lettre de Rolf. Souvent, elle

_____⁷ ne rien trouver pour elle. Mais aujourd'hui, elle

plane (fühlt sich wie im siebten Himmel)! C'est samedi et Rolf _____⁸ lui

téléphoner.

Ça y est! Sa mère l'appelle au téléphone! Enfin, elle _____⁹ entendre la

voix (Stimme) de Rolf! Elle est _____¹⁰ lui parler! Elle se

dépêche, elle court (rennt) et patatras (rums), elle tombe sur l'appareil et la communi-

cation (Verbindung) est coupée!

3 Qu'est-ce qu'ils sont en train de faire?
   Betrachte diese beiden Bilder, und schreibe auf, worin die Unterschiede bestehen.

**Vokabelhilfe**

filmer – filmen
courir après – hinter etw. herrennen
jouer au volley – Volleyball spielen
prendre une photo – ein Foto machen
faire du vélo – Fahrrad fahren
conduire une auto – ein Auto steuern

1. Sur la première image, la vieille dame est en train de téléphoner.
   Sur la deuxième, elle est en train d'attendre le bus.

2. Le monsieur est _____

   Il _____

3. Le chien _____

   _____

4. La dame sur le banc _____

   _____

5. La petite fille sur le banc _____

   _____

6. Les garçons _____

   _____

7. Le facteur _____

   _____

**4** Que sont-ils en train de faire? Que viennent-ils de faire? Que vont-ils faire?
Ergänze die folgenden Sätze, indem du die richtige Zeitangabe *être en train de …; venir de …; aller …* und das passende Verb einsetzt.

| se coucher | préparer | pleuvoir | réparer (2x) | écrire | sortir |

1. Monique est à son bureau. Elle *est en train de préparer* un test de maths pour demain. Ne la dérange (stören) pas.

2. Nous sommes très fatigués. Nous _____ dans cinq minutes.

3. Non, Frédéric n'est plus là. Il _____ il y a un quart d'heure.

4. Yves et Frédéric sont dans la cour. En ce moment, ils _____
   _____ le vélo d'Yves.

5. Ça y est! Tu peux à nouveau écouter des cassettes: je _____
   _____ ton baladeur et il marche!

6. Les enfants, aujourd'hui vous _____ une lettre à tante Amélie.

7. Prenez un parapluie. Il _____ sûrement (sicher) _____.

69

## C Infinitivkonstruktionen mit à

Bei einigen anderen Verben muß die Infinitivergänzung mit der Präposition à angeschlossen werden. Hier sind es wenige Verben, die du dir merken mußt.

Folgende Infinitivkonstruktionen erfordern die Präposition à:

| | |
|---|---|
| penser à faire qc | daran denken, etw. zu tun |
| commencer à faire qc | anfangen, etw. zu tun |
| avoir qc à faire | etw. zu tun haben |
| inviter à faire qc | einladen, etw. zu tun |
| continuer à faire qc | fortfahren, etw. zu tun |
| apprendre à faire qc | lernen, etw. zu tun |
| aider qn à faire qc | jdm. helfen, etw. zu tun |

Nun wollen wir sehen, ob du sie von den anderen unterscheiden kannst.

**5** Une lettre de Rolf à Magali

Endlich ist es soweit! Magali hat einen Brief von Rolf bekommen. Er hat sogar auf französisch geschrieben. Wie du sehen wirst, hapert es aber noch bei den Präpositionen, den Infinitivkonstruktionen und bei der Stellung der Pronomen. Lies dir den Brief durch, und korrigiere seine Fehler.

Ma chère Magali,

Aujourd'hui, j'ai enfin le temps d'écrire toi.[1]

D'abord, je dois te dire que j'ai été très content à trouver ta lettre ce matin.[2]

Je la viens de lire.[3]

J'ai essayé de te téléphoner il y a trois jours et j'ai pu parle avec ta maman, mais tout d'un coup, plus rien.[4]

J'ai essayé de refaire ton numéro, mais toujours rien.[5]

Est-ce que ton téléphone est cassé?[6]

Il commence de faire chaud à Berlin.[7]

Aujoud'hui, il fait 29° et nous avons «hitzefrei».[8]

(Au fait, qu'est-ce que c'est en français?)[9]

Alors, nous n'avons pas beaucoup envie de travaille.[10]

Mais les profs ne voulent rien savoir: nous avons toujours beaucoup de devoirs de faire.[11] _____

Moi, je rêve de me promener dans Paris avec vous (et avec toi).[12] _____

Vous avez de la chance d'être déjà en vacances.[13] _____

Est-ce que Brigitte aime toujours de manger des gâteaux?[14] _____

Bises *Rolf* ♥

P.S.: Tu penses de m'envoyer (schicken) les photos de la Géode?[15] _____

6  Complète les explications de Magali.
Wie du gesehen hast, hat Rolf noch einige Probleme mit der französischen Sprache. Magali ihrerseits hat auch Probleme mit der deutschen Sprache und mit ihrer Deutschlehrerin.

Franchement, je ne comprends pas du tout ma note en allemand. A Pâques, Rolf m'a invitée _____[1] passer deux semaines à Berlin. Avec lui, j'ai parlé allemand toute la journée et je n'ai pas eu peur _____[2] faire des fautes sur le génitif ou le datif. D'abord, même les Allemands font des fautes après «wegen»! Alors ... Mais, voilà, madame Meyer, ma prof ne veut rien _____[3] savoir! Pourtant, j'ai bien appris le vocabulaire, mais c'est vrai que je ne pense pas _____[4] apprendre l'article. Il faut _____[5] dire qu'il y a trois articles en allemand!

# Test

I  Rien ne va plus.
   Complète le texte avec une préposition si nécessaire.

C'est la fin de l'année scolaire. Une triste fin pour Magali. Elle vient _____[1] apprendre qu'elle va _____[2] redoubler. Ce n'est pas vraiment une surprise pour elle. Elle n'a pas eu envie _____[3] travailler cette année et elle a souvent oublié _____[4] faire ses devoirs. En mai, elle a bien commencé _____[5] travailler un peu, mais trop tard.

Pourtant (und doch), à la maison, son père et sa mère lui ont bien dit _____⁶ se mettre enfin au travail.

Elle a essayé _____⁷ se concentrer en maths et en latin, mais elle n'a jamais aimé _____⁸ faire des maths. Elle préfère _____⁹ faire de la musique et du sport. Et le latin! Encore une idée de ses parents! Elle n'a jamais eu envie _____¹⁰ apprendre le latin! Franchement (ehrlich), est-ce qu'on a besoin _____¹¹ apprendre le latin à l'époque (im Zeitalter) des ordinateurs?

En plus, en physique, elle a eu une prof qui ne sait pas _____¹² expliquer! Essayez donc _____¹³ dire à un prof qu'il n'explique pas bien!

Maintenant, elle doit _____¹⁴ rentrer et elle a peur _____¹⁵ montrer ses notes à ses parents ...

Et elle est bien triste _____¹⁶ ne pas être avec Brigitte l'année prochaine.

| 16 points

II Le petit traducteur
Dein französischer Freund ruft dich an und will mit dir ins Kino gehen. Du sagst ihm:

1. Ich habe schon (bien) Lust, ins Kino zu gehen.

2. Aber ich habe keine Zeit auszugehen.

3. Ich habe noch Hausaufgaben zu erledigen.

4. Ich schlage dir vor, nach der Mathematikarbeit (composition de mathématiques *f*) den Film anzusehen.

Zwei Punkte pro Satz – ein Punkt Abzug pro Fehler.

| 8 points

# 10 Die unverbundenen Personalpronomen
## *Les pronoms personnels disjoints*

Chez les Lecarpentier, il y a toujours du monde …

| | | | |
|---|---|---|---|
| Yves sonne. | | | |
| Frédo: Qui est-ce? | | | |
| Yves: C'est **moi**. | 2. | moi | **SINGULAR** |
| Voilà, le disque compact de Renaud. | | | |
| Il est **à toi**, n'est-ce pas? | 4. | toi | |
| Tu as encore un autre disque **de lui**? | 3. | | |
| | | elle/lui | |
| Le téléphone sonne. | | | |
| Rolf: Ah, c'est **elle**, peut-être. | 2. | | |
| | | | |
| M. et Mme Lecarpentier fêtent leurs 25 ans de mariage. Tout le monde est dans le salon. | | | **PLURAL** |
| Mme Lecarpentier: Qui veut du champagne? | | | |
| Frédo, Rolf et Cloclo: **Nous!** | 1. | nous | |
| Mme Lecarpentier: Ah mais non! Pour **vous**, j'ai du cidre. | 3. | vous | |
| Magali et Brigitte entrent avec un énorme gâteau. | | | |
| Mme Lecarpentier à Frédo: Ça alors, ce sont **elles** qui ont fait ce gâteau? | 2. | elles/eux | |
| La fête commence, tout le monde danse, il y a beaucoup de bruit (Lärm). | | | |
| Les voisins: Ce sont encore **eux**, les Lecarpentier! | 2. | | |

Dir ist vielleicht aufgefallen, daß diese Pronomen nicht in unmittelbarer Verbindung mit einem Verb stehen. Deshalb nennt man sie die „unverbundenen Personalpronomen". Sie werden in folgenden Fällen verwendet:

1. in Äußerungen ohne Verb;
2. nach *c'est/ce sont;*
   In Verbindung mit *nous* und *vous* wird die Singularform benutzt: *c'est.*
   In Verbindung mit *eux* und *elles* sind beide Formen möglich: *c'est* und *ce sont.*
3. nach Präpositionen (*de, pour, …*);
4. in Verbindung mit *être à*, um ein Besitzverhältnis oder eine Reihenfolge auszudrücken:
   La marchande au client: C'est **à vous**, monsieur? Le client: Oui, c'est **à moi**.

1 Setze das richtige Pronomen ein. Häufig mußt du auch die passende Präposition oder den passenden Possessivbegleiter finden.

# 11 Die Relativpronomen
*Les pronoms relatifs*

A Das Relativpronomen *qui*
B Das Relativpronomen *que*
C Die Hervorhebungen *c'est ... qui/c'est ... que*
D Das Relativpronomen *où*

## A Das Relativpronomen *qui*

Mit dem Relativpronomen *qui* kannst du unabhängige Hauptsätze miteinander zu einem Satzgefüge verbinden.

> Clotilde est une petite fille. Elle a les cheveux roux.
> Clotilde est une petite fille **qui** a les cheveux roux.
>
> «Danse avec les loups» est un film **qui** m'a beaucoup plu.

Im neuen Satzgefüge erkennst du einen Hauptsatz und einen Nebensatz (hier einen Relativsatz), der durch das Relativpronomen *qui* eingeleitet wird.
In diesem Relativsatz ist *qui* das Subjekt. Es vertritt Personen **und** Sachen aus dem Hauptsatz und muß unmittelbar neben seinem Bezugswort stehen (hier: *une petite fille* und *un film*).
Das Relativpronomen *qui* ist unveränderlich und wird auch vor einem Vokal nicht apostrophiert.

Und auch dies solltest du dir merken:
Im Französischen steht **kein** Komma zwischen dem Haupt- und dem Nebensatz.

Im neuen Satzgefüge erkennst du also folgendes:

> «Danse avec les loups» est un film **qui** m'a beaucoup plu.
> |_____| |_____|
>             Hauptsatz                    Nebensatz
>
>                          *qui* =  Subjekt und vertritt
>                                   Personen und Sachen

**1** Was paßt hier zusammen? Verbinde den Haupt- und den Nebensatz.

1. Frédéric et Rolf sont des garçons
2. Brigitte est une fille
3. Yves est un copain de Frédo
4. «Danse avec les loups» est un film
5. Strasbourg est une ville
6. Clotilde est une petite fille

a) qui est près de l'Allemagne.
b) qui fait beaucoup de bêtises.
c) qui m'a beaucoup intéressé.
d) qui rêve du tour de France.
e) qui sont vraiment très sympathiques.
f) qui aime beaucoup les gâteaux.

| 1. | 2. | 3. | 4. | 5. | 6. |
|----|----|----|----|----|----|
|    |    |    |    |    |    |

Bis jetzt war es leicht. Nun ist die Satzstellung nicht immer so einfach. Man kann es durchaus auch mit solchen Sätzen zu tun haben:

> Clotilde, **qui aime bien faire des farces** (Streiche),
> fait sonner le réveil de son frère à trois heures du matin.
>
> Frédéric, **qui n'a pas aimé cette farce,** a jeté un verre d'eau à sa sœur.

Hier wird der Nebensatz eingeschoben und durch zwei Kommas eingeschlossen. Ohne eingeschobene Nebensätze (Relativsätze) hätten wir folgende unabhängige Hauptsätze:

> Clotilde fait sonner le réveil de son frère à trois heures du matin.
> Elle aime bien faire des farces.
>
> Frédéric a jeté un verre d'eau à sa sœur.
> Il n'a pas aimé cette farce.

Damit das neue Satzgefüge mit Haupt- und Nebensatz einen Sinn ergibt, muß das Relativpronomen *qui* neben seinem Bezugswort stehen (hier: *Clotilde* bzw. *Frédéric*). Man muß die Satzstellung also ändern, sonst hätte man folgenden sinnlosen Satz:

> Clotilde fait sonner le réveil de son frère à trois heures du matin
> qui aime bien faire des farces.

Der Relativsatz wird daher vom Hauptsatz eingeschlossen.

> Clotilde, **qui aime bien faire des farces**, fait sonner le réveil ...
> Hauptsatz     Relativsatz              Hauptsatz

**2  Debout tout le monde!**
In dieser Übung mußt du überlegen, wo das Relativpronomen stehen muß.
Schreibe dann das neue Satzgefüge auf.

1. Clotilde décide de faire une farce à son frère.
   Elle a toujours beaucoup d'idées pour faire des bêtises.

   *Clotilde, qui a toujours beaucoup d'idées pour faire des bêtises, décide de faire une farce à son frère.*

2. Frédéric a programmé son réveil pour dix heures.
   Il aime bien dormir longtemps.

3. Clotilde s'ennuie seule.
   Elle est toujours debout à sept heures.

4. Elle cherche une farce.
   Cette farce doit mettre Frédo en colère (in Wut versetzen).

5. Elle entre dans la chambre de son frère.
   Il dort.

6. Elle prend le réveil.
   Il est programmé pour dix heures.

Et elle le programme pour sept heures!

## B  Das Relativpronomen *que*

Auch das Relativpronomen *que* leitet einen Nebensatz ein.

> «Danse avec les loups» est **un film que** Brigitte a vu deux fois.
>
> Gilles est **un animateur que** Magali aime beaucoup.

Anders als *qui* ist *que* im Relativsatz nicht Subjekt, sondern direktes Objekt (wen oder was?).
Auch *que* vertritt Personen und Sachen aus dem Hauptsatz und ist unveränderlich.
Vor einem Vokal und dem stummen *h* wird *que* allerdings apostrophiert.

    C'est le disque compact **qu'i**ls ont acheté.

Woran erkennst du nun, daß *que* eingesetzt werden muß?
Es ist ganz einfach. Du brauchst nur eine kleine Satzanalyse zu machen:

> «Danse avec les loups» est **un film**   qui   passe dans tous les cinémas.
>                                          Subjekt  Verb  adv. Best.
>     Hauptsatz                 Relativsatz
>
> «Danse avec les loups» est **un film**   que   Brigitte  a vu  deux fois.
>                                          dir. Objekt  Subjekt  Verb  adv. Best.
>     Hauptsatz                 Relativsatz

Klarer Fall!
Im ersten Satz muß *qui* stehen, denn zu jedem Prädikat (Verb) gehört ein Subjekt.
Im zweiten Satz ist Brigitte bereits als Subjekt vorhanden – und ein Nebensatz kann nicht zwei Subjekte haben. Also kommt hier nur *que* in Frage.

**3　Kleine Satzanalyse**

Untersuche die folgenden Satzgefüge nach dem vorgegebenen Beispiel.
a) Kennzeichne zuerst den Haupt- und Relativsatz.
b) Untersuche dann die Funktion der Satzglieder im Relativsatz.
c) Kennzeichne zuletzt das Bezugswort des Relativpronomens.

```
        Hauptsatz              Relativsatz
   ┌─────────────────────┐┌──────────────────────┐
1. Frédéric n'aime pas les farces que  Clotilde  lui   fait.
                         ↑           
                                d.O.     S     i.O.   V
```

2. Montre-moi le musée    que    nous allons visiter demain.

3. Comment s'appelle ce château    que    vous    nous    montrez aujourd'hui?

4. C'est une forêt    qui    est    très belle.

**4　Un drôle d'oiseau (Ein komischer Vogel)**

Vervollständige den Text mit dem passenden Relativpronomen *qui* oder *que*.

Depuis quelques semaines, il y a un drôle de locataire (Mieter) _____¹ habite au cinquième étage.

Mme Saistout n'aime guère (wenig) ce nouvel habitant _____² ne dit jamais bonjour ou au revoir et _____³ n'a jamais de lettres! Pas normal, ça! Une personne normale reçoit (bekommt) des lettres, un journal, des visites. Et puis, porter des lettres ou des paquets, c'est un travail _____⁴ Mme Saistout aime bien faire. Comme cela, elle peut demander les timbres _____⁵ son fils n'a pas encore.

Et puis, au cinquième ou au sixième, il y a toujours un petit café ou un apéritif _____⁶ attendent Mme Saistout.

Alors, bizarre, bizarre (seltsam), ce monsieur sans courrier, sans journal, sans visites.

## C  Die Hervorhebungen *c'est ... qui/c'est ... que*

Sollen im Französischen einzelne Satzglieder hervorgehoben werden, so bedient man sich der Wendungen *c'est ... qui* oder *c'est ... que.*

> **C'est** moi **qui** ai téléphoné.
> **C'est** Yves **que** j'ai vu.
> **C'est** à Rolf **que** Magali écrit.
> **C'est** demain **que** nous partons.

Im Deutschen wird das entsprechende Satzglied nur durch die Betonung hervorgehoben.

- **Die Hervorhebung mit *c'est ... qui***

*C'est ... qui* wird benutzt, wenn das Subjekt hervorgehoben werden soll.

| | |
|---|---|
| C'est **moi** qui **suis** au téléphone! | **Ich** bin es, die am Telefon ist! |
| Frédo, c'est **toi** qui range**s** la cuisine aujourd'hui. | Frédo, **du** räumst die Küche heute auf. |
| C'est **nous** qui pass**ons** vous prendre. | **Wir** holen euch heute ab. |

Das Verb richtet sich hierbei nach dem Subjekt, das durch *c'est ... qui* hervorgehoben wird!

Auch im Plural benutzt man:

> **C'est** nous qui ...
> **C'est** vous qui ...

Nur bei der 3. Person Plural heißt es:

> Ce **sont** les enfants qui ...
> Ce **sont** eux qui ...
> Ce **sont** elles qui ...

5  Une dispute
Ergänze in den folgenden Sätzen die Hervorhebung. Denke daran, daß das Verb in die angegebene Zeit gesetzt werden muß und sich nach dem Subjekt richtet.

Frédéric:  Clotilde, c'est toi *qui fais les courses* aujourd'hui.

(faire les courses/présent)

Clotilde:  Ah, non! Pas question! C'est déjà moi _____

_____ au supermarché hier! (aller/passé composé)

La mère:  Encore une dispute! Je vais vous mettre d'accord!

Aujourd'hui, c'est moi _____ pour vous.

(décider/futur composé)

Vous êtes en vacances, alors c'est vous _____

_____ la cuisine et _____

_____! (ranger/futur composé, faire les courses/futur composé)

Frédéric
et Clotilde:  Ras le bol! C'est toujours nous _____

_____ en vacances! (devoir tout faire/présent)

- **Die Hervorhebung mit *c'est... que***

> **C'est à Pierre que** je téléphone.
> **C'est** ce journal **que** tu lis!
> **C'est** au cinquième **que** nous habitons.
> **C'est** à cette heure-là **que** tu rentres!
> **Ce sont** les abricots **que** nous avons pris au marché.

Soll das direkte Objekt, das indirekte Objekt oder eine adverbiale Bestimmung hervorgehoben werden, so wird die Wendung *c'est... que* verwendet – bzw. *ce sont... que* für die 3. Person Plural.

**6** C'est … qui où c'est … que?
Wandle die folgenden Sätze um, indem du jeweils das unterstrichene Satzglied hervorhebst.

1. <u>Ce matin</u>, je suis arrivé.

   *C'est ce matin que je suis arrivé.*

2. <u>Jean</u> fait les courses.

3. <u>J'</u>ai téléphoné.

4. Il habite <u>à Tunis</u>.

5. Vous arrivez à Berlin <u>à 20 heures</u>.

6. Nous téléphonons <u>à Mme Pipelette</u>.

7. <u>Rolf et Magali</u> viennent nous chercher.

8. Nous allons chercher <u>les grands-parents</u> en voiture.

## D  Das Relativpronomen *où*

> Montre-moi **la rue où** tu habites.
> L'accident s'est passé **le jour où** je suis arrivé.

Du kennst *où* bereits als Fragepronomen im Sinne von „wo/wohin".

> **Où** est-ce que tu vas, Pierre?

*Où* ist zugleich ein Relativpronomen, das letzte, mit dem wir uns hier beschäftigen. Das Relativpronomen *où* leitet einen Relativsatz ein, der eine **örtliche oder eine zeitliche** Angabe enthält.

> Les enfants de Beyrouth jouent **dans des rues où** il y a des ruines.
> **Les jours où** il fait trop chaud, nous restons à la maison.

Die Relativpronomen sind für dich nun kein Geheimnis mehr – also schreiten wir sofort zur Praxis.

**7** Wandle die folgenden Sätze um. Unterstreiche zuerst die Orts- oder Zeitbestimmungen des zweiten Hauptsatzes. Verbinde dann beide Sätze, indem du die Orts- oder Zeitbestimmung durch das Relativpronomen *où* ersetzt.

1. Voilà le grand magasin de Cherbourg. J'ai acheté mon parapluie <u>dans ce magasin</u>.
   *Voilà le grand magasin de Cherbourg où j'ai acheté mon parapluie.*

2. Je vais te montrer le théâtre. Je suis déjà allé dans ce théâtre!
   _____

3. Cela s'est passé un soir de vacances. Il y a eu un orage (Gewitter) ce soir-là.
   _____
   _____

4. Karin montre des photos. «Regardez la maison. Nous avons habité dans cette maison pendant cinq ans.»
   _____
   _____

# Test

I   Les réflexions d'une concierge

Füge die Relativpronomen *qui, que* und *où* ein.

«Oui, … un drôle d'oiseau … Voilà donc un monsieur _____[1] ne reçoit (erhält) pas de courrier et _____[2] n'a pas de visite.

Je ne sais même pas _____[3] il travaille. D'abord, est-ce qu'il travaille?

Il reste toujours ici. Le seul (einzig) moment _____[4] il sort, c'est quand je fais le ménage chez Mme Lardoux.

Oui, c'est la seule sortie _____[5] il fait de la journée.

Ensuite, c'est la seule personne de l'immeuble _____[6] je ne connais pas: jamais un bonjour ou un apéritif! Un sauvage (Wilder)!

C'est peut-être une personne _____[7] a peur … de la police et _____[8] se cache chez nous. Oh la la! Un criminel chez nous!

C'est à mon amie Mme Pipelette _____[9] je vais raconter tout cela.

C'est une collègue discrète _____[10] va pouvoir comprendre.

Et expérimentée (erfahren) avec ça! Pensez donc, dans l'immeuble _____[11] elle est concierge, il y a dix étages.

Alors, elle a de l'expérience et elle a vu beaucoup de choses _____[12] elle ne peut pas raconter à tout le monde, sauf (bis auf) à moi, bien sûr.»

| 12 points

# 12 Die reflexiven Verben
## *Les verbes pronominaux*

   A  Die reflexiven Verben im Präsens
   B  Die reflexiven Verben im *passé composé*
   C  Die reflexiven Verben im *futur composé*
   D  Reflexive Verben und Modalverben

## A  Die reflexiven Verben im Präsens

Reflexive Verben haben ein Reflexivpronomen (rückbezügliches Fürwort) bei sich.
Dieses Reflexivpronomen gehört immer zu derselben Person oder Sache wie das Subjekt des Satzes.

Je me cache.

| Reflexivpronomen | | | Befehlsform |
|---|---|---|---|
| | **se** | cacher (sich verstecken) | |
| je | **me** | cache | |
| tu | **te** | caches | cache-toi |
| elle/il | **se** | cache | |
| nous | **nous** | cachons | cachons-nous |
| vous | **vous** | cachez | cachez-vous |
| elles/ils | **se** | cachent | |

Hier nimmst du die betonte Form des Pronomens.

Im Gegensatz zum Deutschen steht das Reflexivpronomen im Französischen vor dem konjugierten Verb. Reflexivpronomen und konjugierte Verbform bilden eine unzertrennliche Einheit.

> Je **m'amuse** beaucoup en vacances.
> Il **se lève** à dix heures.

Das gilt auch für die Verneinung:

> Je **ne me** cache **pas**.
> Tu **ne t'**amuses **pas**.        Ne t'amuse pas.
> Vous **ne vous** couchez **pas**.  Ne vous couchez pas.

1 Lettre de Frédéric à son ami Yves
  Setze die richtige Verbform ein.

Mon cher Yves,

Merci beaucoup pour ta carte. Je _____¹ | s'amuser
beaucoup avec mon cousin Sylvain et Cloclo.

Nous _____² à dix heures et | se lever

nous _____³ tous les jours. | se baigner

Le soir, nous organisons des petites fêtes

et nous _____⁴ vers minuit. | se coucher (ins Bett gehen)

Je _____⁵ d'aller à la poste parce que | se dépêcher (sich beeilen)

j'ai rendez-vous avec une fille sympa.

Elle _____⁶ Gisèle. | s'appeler

Avec elle, on _____⁷. | ne jamais s'ennuyer (sich langweilen)

Nous _____⁸ bien. | s'entendre

Et toi, est-ce que tu _____⁹ bien aussi? | s'amuser

A bientôt

*Frédéric*

**2** Frédérics Alltag ist nicht sehr lustig. Er sieht vielmehr so aus:

Frédéric!
Il est déjà sept heures.
Lève-toi.

Ergänze in den Sprechblasen das passende Verb in der Befehlsform.
Benutze dabei folgende Verben:

| se coucher | se laver | se dépêcher | s'habiller |
|---|---|---|---|
| ne pas s'amuser | se mettre au travail (sich an die Arbeit machen) | | |

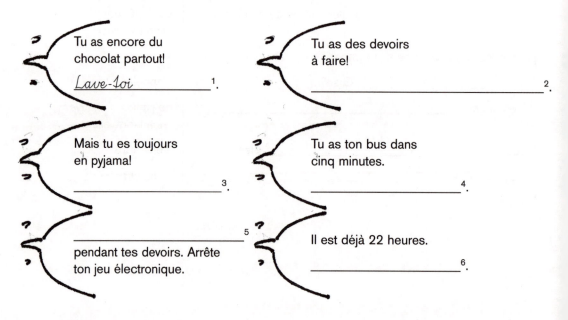

Tu as encore du chocolat partout!
_Lave-toi_ 1.

Tu as des devoirs à faire!
_____ 2.

Mais tu es toujours en pyjama!
_____ 3.

Tu as ton bus dans cinq minutes.
_____ 4.

_____ 5 pendant tes devoirs. Arrête ton jeu électronique.

Il est déjà 22 heures.
_____ 6.

Sicher hast du schon bemerkt, daß viele Verben sowohl im Französischen als auch im Deutschen reflexiv sind:

| se laver | sich waschen |
| s'amuser | sich amüsieren |
| s'ennuyer | sich langweilen … |

Einige sind jedoch nur im Französischen reflexiv. Präge sie dir ein:

| se lever | aufstehen | se baigner | baden |
| se coucher | ins Bett gehen | s'arrêter | anhalten |
| s'appeler | heißen | | |

# B Die reflexiven Verben im *passé composé*

Magali **s'est** habillée en fantôme.

Frédéric et Brigitte **ne** se sont **pas** ennuyés à la boum.

Das *passé composé* der reflexiven Verben wird mit *être* gebildet.
Auch im *passé composé* steht das Reflexivpronomen vor dem konjugierten Verb – hier also vor der konjugierten Form von *être*.
Die Verneinung umschließt die Wortgruppe: Reflexivpronomen und *être*.

Bei den nicht reflexiven Verben, die mit *être* verbunden werden, richtet sich das Partizip in Geschlecht und Zahl nach dem Substantiv (→ Kapitel 4 D).
Bei den reflexiven Verben aber wird das Partizip dem Reflexivpronomen angeglichen – allerdings nur, wenn dieses direktes Objekt ist (wen oder was?).

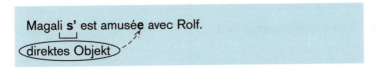

3 Welches Subjekt paßt zu welchem Verb? Schreibe den vollständigen Satz auf.

a) se sont rencontrés à la M.J.C.

b) s'est dépêché.

c) vous vous êtes déguisées en quoi?

d) ne s'est pas couchée à dix heures.

1. Et vous, Magali et Brigitte,

2. Frédéric

3. Cloclo

4. Yves et Brigitte

| 1. | 2. | 3. | 4. |
|----|----|----|----|
|    |    |    |    |

1. _____

2. _____
3. _____
4. _____

**4** Setze ins Perfekt.

1. Clotilde s'endort (einschlafen).

2. Magali ne s'ennuie jamais avec Rolf.

3. Frédéric et Yves se rencontrent chez Patrick.

4. Le train s'arrête deux minutes seulement.

5. Elles ne se retournent pas.

6. Frédéric et Clotilde ne se comprennent jamais.

7. Magali et Karin s'entendent (verstehen sich) bien.

## C Die reflexiven Verben im *futur composé*

> Demain, c'est dimanche. Je ne vais pas **me lever** à six heures.
> Je vais **me reposer** jusqu'à dix heures.

Du weißt, daß das *futur composé* sich aus der konjugierten Form von *aller* und dem Infinitiv zusammensetzt (→ Kapitel 2 A). Eine solche Infinitivkonstruktion kennst du auch von den Modalverben.

Wie die übrigen Objektpronomen stehen auch die Reflexivpronomen vor dem Infinitiv (→ Kapitel 1 B). Im Falle der Verneinung wird das konjugierte Verb von der Verneinung umklammert (→ Kapitel 2 B).

Attention!

## 5 La surboum masquée

Unsere Freunde sind auf eine Party eingeladen. Sie sollen sich verkleiden. Sie überlegen, was sie wohl anziehen werden und wo sie sich treffen sollen. Natürlich muß Cloclo wie üblich dazwischenfunken.
Vervollständige die Sätze, indem du die nahe Zukunft einsetzt.

| | | |
|---|---|---|
| Yves: | Je *vais m'acheter*[1] un costume de pirate. | s'acheter |
| | Et toi, qu'est-ce que tu _____[2]? | s'acheter |
| Frédéric: | Rien. Mais, je _____[3] en vampire. | s'habiller |
| Brigitte: | Mais où est-ce que nous _____[4]? | se rencontrer |
| Magali: | Eh bien, on _____[5] à neuf heures au métro Riquet. | se retrouver |
| Cloclo: | Dites donc, vous _____[6]. | ne pas s'ennuyer |
| | Et moi, alors? Qui _____[7] de moi? | s'occuper |
| Frédéric: | Mais c'est pour les grands. Ça ne va pas t'intéresser. Tu _____[8] avec nous. Reste avec les grands-parents. | s'ennuyer |
| Cloclo: | Merci bien! Ils _____[9] devant la télé! | s'endormir |

## D  Reflexive Verben und Modalverben

> Demain, c'est dimanche et je peux **me reposer** jusqu'à dix heures.
> Frédéric, tu veux bien **t'occuper** de ta sœur?

Wie beim *futur composé* stehen die Reflexivpronomen vor dem Infinitiv, auf den sie sich beziehen. Vergleiche:

Je vais    **m'acheter** un disque compact.
Je veux    **m'acheter** un disque compact.

Im Fall der Verneinung wird das Modalverb von der Verneinung umklammert.

> Je **ne** veux **pas** m'occuper de ma sœur.

6  36 15, enfance malheureuse (36 15, unglückliche Kindheit)
   36 15 ist die Eingangsnummer zum französischen Minitel-System (BTX), ein vielseitiges, aber auch kostspieliges Angebot der französischen Telecom. Vervollständige die folgenden Sätze mit den vorgegebenen Verben.

| | |
|---|---|
| Quand Mme Lecarpentier dit: «Frédéric, tu _____ bien _____¹ de ta sœur?», elle veut | vouloir s'occuper |
| dire qu'il _____² d'elle. | devoir s'occuper |
| «Ce n'est pas juste, pense Frédéric, je _____ | ne jamais pouvoir |
| _____³ comme je veux. | s'amuser |
| Je _____ toujours _____⁴ de ce bébé.» | devoir s'occuper |
| Et Clotilde, elle, dans son coin dit: | |
| «Qui _____⁵ à *Trivial Pursuit* | s'amuser/ (futur) |
| avec moi? | |
| Je _____⁶ toute seule dans mon coin. | ne pas vouloir s'ennuyer |
| Demain, tout le monde _____⁷ à la surboum. | s'amuser/ (futur) |
| Et qui _____⁸ chez les grands- | devoir se rendre |
| parents? C'est moi! | |
| Et devinez (erratet) qui _____⁹ | s'ennuyer/ (futur) |
| devant la télé avec eux? Gagné! C'est moi! | |

Bon, vous _____ 10 | ne pas vouloir s'occuper

de moi?

Alors, je _____ 11 avec le Minitel!» | s'amuser/ (futur)

«Le Minitel! Ah, non! Pas question! Tu as vu la note

de téléphone?»

# Test

I **C'est correct?**
In einigen der folgenden Sätze stecken Fehler. Lies dir diese Sätze durch, und notiere jeweils ein c für *correct* oder ein f für *faux*. Korrigiere dann die Fehler.

☐ 1. Je s'habille. _____

☐ 2. Il se va lever à sept heures. _____

☐ 3. Nous n'allons pas nous coucher. _____

☐ 4. Vous voulez vous rencontrer à quelle heure?
_____

☐ 5. Il a sifflé, mais je ne m'ai pas retournée.
_____

☐ 6. Elles se sont ennuyé pendant le film.
_____

☐ 7. Avec mon bras cassé, je ne peux pas m'habiller.
_____

☐ 8. Magali et Brigitte ne se sont pas baignées.
_____

☐ 9. Vous allez vous amusent à la boum.
_____

| 9 points

II  La journée de Mme Pipelette
Erzähle einen Tag aus dem Leben der Mme Pipelette.

se lever / se regarder dans la glace

se sentir fatiguée / prendre un comprimé

se rendre chez Mme Saistout

s'installer dans sa loge

s'ennuyer / lire les cartes des locataires

se mettre au travail

se sentir fatiguée

se doper avec un apéritif

se sentir pleine d'énergie     s'installer dans son fauteuil / se reposer

1. _____
2. _____
3. _____
4. _____
5. _____
6. _____
7. _____
8. _____
9. _____
10. _____

11 points

# 13 Länder- und Städtenamen
*Les noms des pays et des villes*

A Die Ländernamen und ihre Begleiter
B Nationalitätsbezeichnungen
C Städtenamen und ihre Präpositionen

## A Die Ländernamen und ihre Begleiter

Der *Mont St. Michel* ist eine der bekanntesten Sehenswürdigkeiten in Frankreich. Auf dem großen Parkplatz sieht man Autos fast aller Nationalitäten versammelt.

Voyager – ce n'est pas nécessaire, tous les pays sont ici!

| | | |
|---|---|---|
| la France<br>la Grande-Bretagne<br>la Norvège<br>la Suède<br>la Belgique<br>la Pologne<br>la Roumanie<br>la Turquie<br>la Grèce<br>la Suisse | l'Italie<br>l'Autriche<br>l'Espagne<br>l'Allemagne<br>l'Irlande | le Danemark<br>le Luxembourg<br>le Portugal<br>les Pays-Bas<br>les Etats-Unis |
| weibliche Ländernamen | | männliche Ländernamen |

Dieser „kleine Unterschied" ist wichtig.
Du wirst gleich sehen, warum:

Eh bien, moi j'aimerais bien aller...

en Grèce,                au Luxembourg,
en Allemagne,            au Portugal,

(B) en _____,    (DK) _____,
(I) _____,       (NL) aux Pays-Bas.

| être<br>rester<br>aller<br>partir<br>voyager | **en** + ♀ Ländernamen | **au/aux** + ♂ Ländernamen |

Après les vacances, les jeunes disent: Nous venons...

de France,               du Danemark,
d'Italie,                du Portugal,

(PL) _____,      (L) _____,
(E) _____,       (USA) des Etats-Unis.

| (re)venir<br>arriver<br>rentrer | **de/d'** + ♀ Ländernamen | **du/des** + ♂ Ländernamen |

**1** Tu connais ces pays de l'Europe?

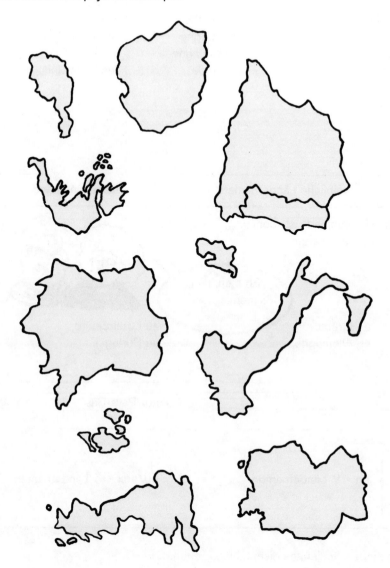

1. <u>la Grande-Bretagne</u>
2. _____
3. _____
4. _____
5. _____
6. _____
7. _____
8. _____
9. _____
10. _____
11. _____

2  Dans cette maison, les gens aiment faire des voyages.
   Formuliere vollständige Sätze, und verwende die richtigen Präpositionen.

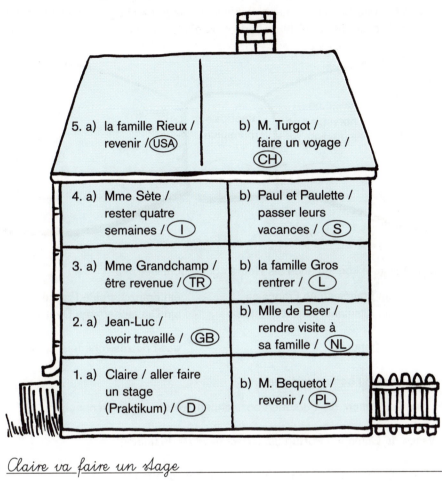

1. a) *Claire va faire un stage*
   b) _____

2. a) _____
   b) _____
      _____

3. a) _____
   b) _____

4. a) _____
   b) _____

5. a) _____
   b) _____

## B Nationalitätsbezeichnungen

Bei den Nationalitätsbezeichnungen läßt sich das Auswendiglernen nicht umgehen. Du kannst es dir aber erleichtern, indem du die folgenden Gruppen betrachtest:

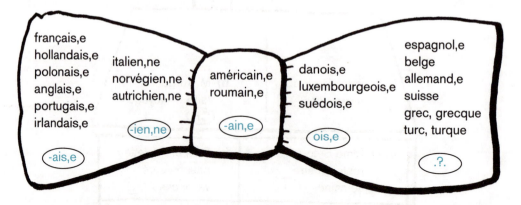

Diese Adjektive können auch als Nomen gebraucht werden:

        un Français/une Française      ein Franzose/eine Französin
        un Allemand/une Allemande    ein Deutscher/eine Deutsche

aber

        le français                        das Französische (als Sprache)

Hierbei mußt du berücksichtigen:

- Nur die Nomen, die Personen bezeichnen, werden groß geschrieben.

> Vasco da Gama, **un Portugais**, a découvert l'Inde (Indien).

- Die Adjektive werden grundsätzlich klein geschrieben.

> Cette année, on va faire du ski dans les Alpes **italiennes.**

3. Sur un terrain de camping international, il y a des jeunes de toutes les nationalités. Pendant une fête, ils se parlent...
Achtung, jetzt mußt du die Regeln von Abschnitt A und B kombinieren.

(Pierre (F) + Luc (L/B))  (Ludmilla (RO) + Tony (B/GB))  (Gina (I) + Pedro (DK/P))
(Piet (NL) + Marcel (F/CH))  (Carmen (E) + Nils (GB/S))
(Steve (USA) + Fatima (D/TR))  (Krisztian (PL) + Anna (IRL/N))

1. Luc: Ah, tu es Français?

   Pierre: Oui, je viens de France. Et toi?

   Luc: Je viens _du Luxembourg_, mais je suis Belge.

2. Tony: _Ah, tu es _____

   Ludmilla: _Oui, je _____ _Et toi?_

   Tony: _Je viens _____ _mais je suis_ _____

3. Pedro: _Tu es _____

   Gina: _Oui, je viens_ _____

   Pedro: _____

   _____

4. Marcel: _____

   Piet: _____

   Marcel: _____

5. Nils: _____

   Carmen: _____

   Nils: _____

   _____

6. Fatima: _____

   Steve: _____

   Fatima: _____

7. Anna: _____

   Krisztian: _____

   Anna: _____

   _____

## C Städtenamen und ihre Präpositionen

> Les Lecarpentier habitent **à** Paris.
> Le grand-père de Brigitte part **pour** Rouen.
> Les grands-parents de Magali arrivent **de** Strasbourg.

Städtenamen haben in der Regel nur die Präposition und keinen Artikel bei sich – es sei denn: Der Name der Stadt selbst ist mit einem Artikel versehen, wie: *Le Mans, Le Havre, La Rochelle*…

> Brigitte rentre **de La** Rochelle.
> Yves passe une semaine **au** Mans.

*Beachte die Regel der Verschmelzung!*

**4** Paul ist Lastkraftwagenfahrer für eine Supermarktkette in Frankreich. In einer Woche kommt er sehr viel herum. Bei der folgenden Übung mußt du seinen Terminkalender in vollständige Sätze übersetzen. Mit der Frankreichkarte in deinem Atlas kannst du seine Route verfolgen.

| Lundi | Mardi | Mercredi | Jeudi | Vendredi | Samedi | Dimanche |
|---|---|---|---|---|---|---|
| 7 h partir Paris ● → | | 8 h se rendre Limoges → ● | Le Puy ● → aller → ● Chambéry | | 7 h partir Les Saisies ● → | 6 h partir Le Creusot ● → |
| | 9 h aller Nantes → ● | | | 10 h arriver Les Saisies → ● | | passer Orléans ⬥ |
| | vers 13 h continuer La Rochelle → ● | 14 h partir Le Puy → ● | | | | |
| 16 h arriver Le Mans → ● | | | | | 18 h arriver Le Creusot → ● | 20 h arriver Le Havre → ● |
| | | | | Il reste une nuit. | | |
| 1. | 2. | 3. | 4. | 5. | 6. | 7. |

● → = partir de (wegfahren von)  
● → → ● = aller de… à…  
⬥ = passer par (durchfahren durch)

→ ● = aller à  
se rendre à (sich begeben nach)  
continuer à (weiterfahren nach)  
partir pour (abfahren nach)

1. Le lundi à sept heures, Paul part de Paris. A seize heures,

   il arrive _____ .

2. _____

_____

3. _____

_____

4. _____

5. _____

_____

6. _____

_____

7. _____

_____

_____

# Test

I  Les pays et leurs monnaies (Geld)
   Bei dieser Übung mußt du der jeweiligen Währung den richtigen Ländernamen zuordnen. Formuliere auch passende Satzanfänge.

1. Pour aller _____

   il faut avoir des francs français.

2. Quand on revient _____

   on a encore quelques pesetas.

3. *Pour* _____

   il faut acheter des livres irlandaises.

4. _____

   on trouve encore quelques couronnes danoises.

5. _____

   on a besoin* de francs luxembourgeois.

*avoir besoin de qc – etwas benötigen

6. _____

on achète des marks.

7. _____

il y a encore quelques florins dans le porte-monnaie.

8. _____

il faut avoir des livres sterling.

9. _____

on trouve encore quelques lires.

10. _____

on achète des drachmes.

11. _____

on a besoin d'escudos.

12. _____

on a encore des couronnes suédoises.

13. _____

il faut avoir des lires turques.

14. _____

on trouve encore des dollars dans ses poches.

14 points

II   Jacques Brel, ein beliebter Chansonsänger, der leider bereits verstorben ist, hat gesungen: «Dans le port d'Amsterdam, il y a des marins qui chantent…»
Aber der Hafen von Amsterdam ist auch ein großer Güterumschlagplatz. Hier geht es um Städte- und Ländernamen. Es kommt auch der Teilungsartikel vor!
Dans le port d'Amsterdam, il y a…

1. Angers → 🚚     : vin/F → L

… *un camion qui vient d'Angers et qui transporte du vin français au Luxembourg;*

2. S → 🚢     : jambon m/DK → RO

… _____
_____

3. D → 🚚 : antiquités/PL → NL

...

4. Lausanne → 🚚 : montres/CH → GB

...

5. P → 🚢 : oranges/E → IRL

...

6. Le Havre → 🚢 : sardines/F → D

...

7. Rome → 🚚 : produits de beauté/I → B

...

8. La Ciotat → 🚚 : meubles/F → PL

...

9. GR → 🚢 : l'huile d'olive/GR → USA

...

18 points

# 14 Die Adverbialpronomen *y* und *en*
## *Les pronoms adverbiaux*

- A Das Adverbialpronomen *y*: Standpunkt und Richtung
- B Das Adverbialpronomen *en*: Herkunft
- C Weiterer Gebrauch von *en*

## A Das Adverbialpronomen *y*: Standpunkt und Richtung

| | | |
|---|---|---|
| Nicole est | **en France.** | |
| Elle est | **à la M.J.C.** | |
| Elle **y** est. | | (dort) |
| Le chat n'est pas | **sur le balcon.** | |
| Il n' **y** est pas. | | (dort) |
| Rolf va | **à Berlin.** | |
| Il **y** va. | | (dorthin) |

Das Pronomen *y* vertritt adverbiale Ortsbestimmungen mit den Präpositionen: *à, en, derrière, dans, sur*... Es bedeutet „dort" oder „dorthin", drückt also einen Standpunkt oder eine Richtung aus.

Wie die anderen Objektpronomen, die du schon kennst, steht *y* vor dem konjugierten Verb. In der Verneinung wird es zusammen mit dem Verb von *ne... pas* umschlossen. Nur im Zusammenhang mit der Befehlsform steht es hinter dem Verb: *Vas-y*. Hier mußt du wegen des „Wohlklangs" an *va* noch ein *s* anhängen.

Allerdings gibt es bei der Verwendung von *y* eine Besonderheit zu beachten:
Wenn eine Ortsbestimmung zusammen mit einer Person gebraucht wird, darfst du *y* nicht verwenden.

Je vais **chez Magali.**     Il a rendez-vous **chez le docteur.**
Je vais **chez elle.**     Il a rendez-vous **chez lui.**

In diesem Fall mußt du die betonten Formen des Personalpronomens verwenden (→ Kapitel 10), denn *y* kann **auf keinen Fall für Personen** stehen.

Daneben ersetzt *y* auch präpositionale Ergänzungen mit *à*, vertritt aber hier ebenfalls nur Sachen.

Je réfléchis **au test de maths.**
J'**y** réfléchis.

1 Unterstreiche die Ortsbestimmungen, und ersetze sie durch das Adverbialpronomen *y* oder durch ein Personalpronomen.

1. Il reste à Cherbourg pendant les vacances.   *Il y reste pendant les vacances.*
2. Je ne mange jamais dans ce restaurant.   _____
3. A deux heures, il va à la piscine.   _____
4. Nous jouons avec l'ordinateur chez Robert.   _____
5. Vous allez au cinéma?   _____
6. Allons au marché!   _____
7. Il habite en Suisse.   _____

## B Das Adverbialpronomen *en*: Herkunft

|  |  |
|---|---|
| Il revient | de Toulouse.<br>de la M.J.C.<br>du cinéma.<br>d'Italie. |
| Il **en** | revient. |

Um die Herkunft auszudrücken, benutzt man das Adverbialpronomen *en*. Auch *en* steht vor dem konjugierten Verb.

Aber auch hier die Besonderheit: Im Zusammenhang mit einer Person mußt du die betonte Form des Personalpronomens benutzen.

Brigitte vient **de chez Magali**.   Les voleurs descendent **de chez les Pottier**.
Elle vient **de chez elle**.   Ils descendent **de chez eux**.

**2** Complète ces dialogues.

Bei den Fragen mußt du jeweils die richtige Präposition ergänzen. Bei den Antworten muß entweder *y, en* oder eine Präposition + Personalpronomen eingesetzt werden. In einigen Antworten muß auch das Verb ergänzt werden.

1. Tu vas *au* marché?  Non j' *en* viens.
2. Tu sors _____ chez le dentiste?  Ben oui, tu vois bien que je sors _____ _____ _____ !
3. Mes papiers sont _____ le sac?  Non, ils ___ ___ _____ _____ !
4. Je peux aller _____ cinéma ce soir?  Mais oui! Vas- ___ !
5. Rolf habite _____ Magali pendant les vacances?  Non, il n'habite pas _____ _____. Il habite _____ Frédo.
6. Ta mère rentre _____ bureau à cinq heures?  Non, elle _____ rentre à six heures.
7. Les enfants vont _____ cinéma ce soir?  Non, ils ___ _____ déjà _____ hier.
8. Quand est-ce que tu vas repartir *de* Strasbourg?  Je vais _____ _____ le 31 août.

## C Weiterer Gebrauch von *en*

Das Adverbialpronomen *en* ersetzt nicht nur Ortsbestimmungen mit *de*, sondern auch andere Ergänzungen mit *de*.

*En* ersetzt:

- den unbestimmten Artikel Plural + Nomen (bei zählbaren Dingen),

> Tu as encore **des timbres**?
> Oui, j'**en** ai trois.

- den Teilungsartikel + Nomen (bei nicht zählbaren Dingen), (→ Kapitel 7)

> Nous avons encore **de l'eau minérale**?   Tu veux encore **du fromage blanc**?
> Oui, nous **en** avons dans le réfrigérateur.   Oui, j'**en** veux bien.

- das partitive *de* + Nomen (nach einer Mengenangabe),

| | |
|---|---|
| Tu as pensé à acheter des tomates? | Nous avons encore du jus d'orange? |
| Oui, j'ai pris deux kilos **de tomates**. | Non, nous n'avons plus **de jus d'orange**. |
| Oui, j'**en** ai pris deux kilos. | Non, nous n'**en** avons plus. |

Dies nennt man eine „Nullmenge".

- Nomen nach einem Zahlwort,

Tu as des cassettes de Porte 53?
Oui, j'ai **trois cassettes de Porte 53**.
Oui, j'**en** ai trois.

- eine präpositionale Ergänzung mit *de*.

| | |
|---|---|
| Il a très envie **de gâteaux**. | Vous parlez **du film d'hier**? |
| Il **en** a très envie. | Oui, nous **en** parlons. |

In diesem Fall mußt du eine Besonderheit beachten: *en* steht für Sachen und nicht für Personen. Bei Personen nimmst du die betonte Form des entsprechenden Personalpronomens.

| | |
|---|---|
| Magali parle souvent **de Rolf**. | A douze ans, on a besoin **de ses parents**. |
| Elle parle souvent **de lui**. | On a besoin **d'eux**. |

**3** Il n'y a pas d'amour heureux
„Es gibt keine glückliche Liebe" heißt ein berühmtes Gedicht von Aragon. Nicht nur Magali ist unglücklich. Auch Rolf sehnt sich nach den glücklichen Tagen in Paris zurück, seitdem er wieder in Berlin ist.
Ersetze die Ergänzungen mit *à* oder *de* durch ein Adverbialpronomen oder ein Personalpronomen.

1. Rolf pense souvent <u>au concert de Porte 53 entendu avec Magali</u>.

   _____

2. Il a très envie de repartir <u>à Paris</u>.

   _____

3. Souvent, la nuit, il rêve <u>de son amie</u>.

   _____

4. Il se souvient (erinnert sich) <u>de leurs promenades ensemble</u>.

   _____

5. Pendant les récréations, il parle beaucoup de ses amis français.

___

6. Si tout va bien (wenn alles gut geht), peut-être qu'il va à Paris à Noël.

___

7. Mais qu'est-ce que ses parents pensent de son idée?

___

8. Mais Magali, elle, est-ce qu'elle a aussi besoin de Rolf?

___

# Test

**I** Für welche Ergänzungen stehen die Adverbialpronomen *y* und *en*, für welche die Personalpronomen?

1. Elle en revient.
2. Vous y allez?
3. Tu ne veux pas rester chez elle?
4. Est-ce qu'il va y penser?
5. Elle rêve de lui?
6. Nous allons chez elles.
7. Tu en as besoin ce soir, chéri?
8. Tu penses rester longtemps chez eux?
9. Les Allemands en mangent souvent.
10. Mais oui, j'en ai pris.

a) du porc (Schweinefleisch)
b) de l'eau minérale
c) ta grand-mère
d) de la voiture
e) du marché
f) tes amis
g) à la lettre
h) Anne et Marie-Line
i) de Rolf
k) au cinéma

| 1. | 2. | 3. | 4. | 5. | 6. | 7. | 8. | 9. | 10. |
|---|---|---|---|---|---|---|---|---|---|
| e |  |  |  |  |  |  |  |  |  |

10 points

**II** Ersetze die unterstrichenen Wörter durch ein Adverbialpronomen, ein Personalpronomen oder durch Präposition + Personalpronomen.

1. Elle n'a pas envie <u>de travailler</u>. _____

2. Tu viens <u>de Cherbourg</u>? _____

3. Nous allons <u>au théâtre</u>. _____

4. Je reste <u>chez Eric</u> ce soir. _____

5. Tu reviens <u>du marché</u>? _____

6. Nous prenons deux kilos <u>de tomates</u>. _____

7. Il parle souvent <u>de ses vacances</u>. _____

8. Va <u>à l'école</u>! _____

9. Ne prends pas <u>de café</u> à ton **â**ge! _____

10. Je viens de <u>chez le coiffeur</u>. _____

| 10 points |

# 15 Die Steigerung des Adjektivs
*Le degré de l'adjectif*

A  Der Komparativ
B  Der Superlativ

Les présentatrices au concours (Die Ansagerinnen im Wettbewerb):

Du hast sicher schon erkannt, daß bei der Steigerung des Adjektivs nicht seine Form verändert, sondern etwas hinzugefügt wird.

## A  Der Komparativ

Beim Komparativ gibt es vier Möglichkeiten:

1. Mme Grandchamp est **plus** sympathique **que** Mlle Leclerc.
2. Mlle Leclerc est **moins** sympathique **que** Mme Grandchamp.
3. Mlle Leclerc **n'**est **pas aussi** sympathique **que** Mme Grandchamp.
4. Mme Pirou est **aussi** sympathique **que** Mlle Beaumont.

| | | | |
|---|---|---|---|
| + | plus | | – sympathischer |
| – | moins | Adjektiv + **que** | – weniger sympathisch |
| | ne… pas aussi | | – nicht so sympathisch |
| = | aussi | | – genauso sympathisch |

Es gibt nur ein Adjektiv, das im Komparativ vollständig verändert wird:

bon, bonne ⟶ meilleur,e (besser)

Frédo est **bon** en français, mais Magali est **meilleure**.

1. Yves a fait une enquête (Umfrage) à son école. Voilà ses résultats.
Das Ergebnis seiner Umfrage hat Yves in eine Tabelle übertragen. Du sollst diese Tabelle nun wieder in die ursprünglichen Aussagen zurückverwandeln. Schau dir dazu noch einmal die Bedeutung der Symbole auf Seite 112 an.

| qualité | professeur, matière élèves etc. | + | – | = | professeur, matière, élèves, etc. |
|---|---|---|---|---|---|
| 1. strict,e | le prof. de latin | x | | | la prof. de chimie |
| 2. libéral,e | la prof. de dessin | | x | | la prof. de philosophie |
| 3. difficile | l'informatique | | | x | les mathématiques |
| 4. dur,e (hart, schwierig) | la philosophie | x | | | l'histoire |
| 5. paresseux,se (faul) | les filles | | x | | les garçons |
| 6. mauvais,e | les interros orales (mündliche Prüfungen) | x | | | les interros écrites |
| 7. autoritaire | la documentaliste (Bibliothekarin) | | x | | le prof. de physique |
| 8. bon, ne | la cafétéria | x | | | la cantine |
| 9. sévère (streng) | le pion (Aufseher) | | | x | le principal (Direktor) |

1. *Le professeur de latin est plus strict que la professeur de chimie.*
2. _____
3. _____
4. _____
5. _____
6. _____
7. _____
8. _____
9. _____

## B  Der Superlativ

Du erinnerst dich sicher an die Stellung der Adjektive im französischen Satz. Die meisten Adjektive werden dem Nomen nachgestellt, nur wenige – in der Regel die kürzeren wie *grand, petit*... – werden vorangestellt. (→ Grammatik 7. Schuljahr/Kapitel 12) Diese Regeln mußt du natürlich auch beim Superlativ beachten. Schau dir die folgenden Sätze genau an.

| | |
|---|---|
| Le château de Versailles est **le plus grand** château de France.<br>La place de l'Etoile est **une des plus belles** places de Paris. | Voranstellung |
| La tour Eiffel est **la** tour **la plus intéressante**.<br>Le restaurant Maxime est **un des** restaurants **les plus chers** de Paris. | Nachstellung |

Das Ganze noch einmal in Formeln verpackt:

| | | | | |
|---|---|---|---|---|
| ↑ | | le<br>la<br>les | } **plus** + Adjektiv + Nomen     **de**... | Voranstellung |
| ↗ | **un**<br>**une** | **des**<br>**des** | | |
| ↑ | | le<br>la<br>les | } Nomen + **la plus** + Adjektiv     **de**... | Nachstellung |
| ↗ | **un**<br>**une** | **des**<br>**des** | **le**<br>**les** | |

Et il n'y a pas d'exceptions?

Mais bien sûr!

Wie du schon weißt, bildet das Adjektiv *bon,ne* eine Ausnahme. Eine weitere Ausnahme bildet der Superlativ von *mauvais,e*.

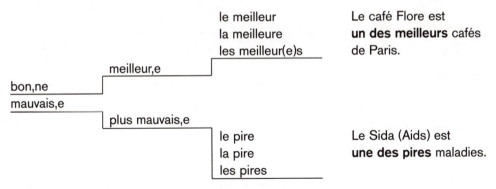

Bevor du dich an die nächste Übung machst, schau dir noch einmal die Symbole auf Seite 114 an.

2 ZAVATA – le cirque au superlatif

1. le chapiteau (Zirkuszelt) / haut ↑ / le monde
   *Zavata a le chapiteau le plus haut du monde.*

2. les acrobates / habile (geschickt) ↑ / tous les cirques
   *Il a les acrobates* _____

3. l'éléphant / gros ↑ / l'Inde
   *Il a* _____

4. le tigre / dangereux ↑ / la France
   *Il a* _____

5. la trapéziste / joli ↑ / tous les cirques français  _____

6. le jongleur / petit ↑ / le monde  _____

7. la femme / fort ↑ / l'Europe  _____

8. la girafe / grand ↑  _____

9. le clown / drôle ↑ / tous les clowns  _____

10. le dompteur / courageux ↑ / la France  _____

11. les chevaux / beau ↑  _____

12. l'orchestre / bon ↑ / le monde  _____

## Test

**I** Jetzt wird alles gemischt. Komparativ und Superlativ. Beachte die Symbole auf Seite 112 und Seite 114.
Yves rêve qu'il a de la visite de E.T.
Voilà leur conversation (Unterhaltung).

1. a) Le Mont Everest est _la montagne la plus_ montagne/haut ↑
_haute_ du monde.

b) Chez nous, il y a des _montagnes plus hautes_ montagne/haut +
_que_ sur terre.

2. a) Le T.G.V. est _____  trains/rapide ↗

   _____ du monde.

   b) Chez nous, les _____  trains/rapide +

   _____ que chez vous.

3. a) Etre pompier, c'est _____  métier/dangereux ↑

   _____.

   b) Chez nous, ce métier _____  métier/dangereux —

   _____ d'être chocolatier

   (Schokoladenhersteller).

   Pourquoi?

   Parce que le chocolat est très cher et que tout le monde aime le chocolat.

4. a) Le RQ2 _____  ordinateur/petit ↑

   _____ du monde.

   b) Chez nous, tous les ordinateurs_____  ordinateur/grand =

   _____ le RQ2.

5. a) En général, chez nous, les élèves _____  intelligent —

   _____ les professeurs.

   b) Chez nous, c'est juste le contraire: les élèves _____  personnes f.

   _____.  /intelligent ↑

6. a) Ne pas aller à l'école, ce serait _____  solution f. (Lösung)

   _____.  /bon ↑

   b) Rester à la maison, c'est _____  mauvais —

   *que d'aller à l'école* parce qu'on s'ennuie.

7. a) Etre amoureux, c'est _____  période f./beau ↑

   _____ de la vie.

   b) Eh bien, chez nous aussi.

   | 12 points

# 16 Das Perfekt (2) – Die Veränderlichkeit des Partizips
## L'accord du participe

A  Das Partizip der Verben, die mit *avoir* verbunden sind
B  Besonderheiten der reflexiven Verben


## A  Das Partizip der Verben, die mit *avoir* verbunden sind

Du erinnerst dich sicherlich an die Vergangenheit der Verben, die mit *être* verbunden werden:

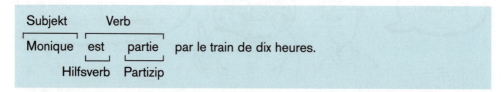

Bei solchen Verben richtet sich das Partizip in Geschlecht und Zahl nach dem Subjekt (→ Kapitel 4 D).

Bei Verben, die mit *avoir* verbunden werden, mußt du nach dem **direkten Objekt** (wen oder was?) suchen. Die Stellung des direkten Objekts bestimmt dann die Rechtschreibung des Partizips. Es gilt folgende Regel:

- Wenn das direkte Objekt **vor** dem Verb steht, wird das Partizip in Geschlecht und Zahl diesem direkten Objekt angeglichen.

- Wenn das direkte Objekt **hinter** dem Verb steht oder wenn das Verb **kein** direktes Objekt hat, bleibt das Partizip unverändert.

Kompliziert? In der Theorie vielleicht, also schreiten wir mal zur Praxis.

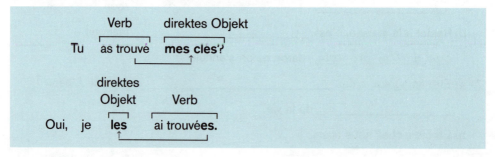

Das direkte Objektpronomen *les* vertritt *les clés* – feminin, Plural. Also wird *-es* an das Partizip angehängt. Ebenso:

Les exercices, tu **les** as fait**s**?

Jetzt bist du dran, diese Regeln anzuwenden.

1 Le pique-nique
Gleiche das Partizip dem direkten Objekt an.

1. «Les sandwichs, tu les as fait ____?»

2. «Bien sûr! Tu ne les as pas vu ____?»

3. «Ah si, les voilà! Et les boissons, tu les as préparé ____?»

4. «Mais oui! Et si tu cherches les assiettes, je les ai mis ____ dans le panier (Korb) avec les verres.»

5. «Des assiettes pour les sandwichs?»

6. «Non, pour le dessert. C'est Katrin qui l'a préparé ____. C'est une spécialité allemande.»

Bis jetzt war es recht einfach, weil das direkte Objekt jedesmal vor dem Verb stand. Nun sollst du entscheiden, wann die Partizipien verändert werden müssen.

2 Vervollständige die Partizipien, wenn es notwendig ist.

1. Nous avons passé ____ des vacances formidables.

2. Quelles belles chaussures! Où est-ce que tu les as acheté ____?

3. Marion a bien joué ____ à la plage.

4. Et les dernières vidéo-cassettes de Michael Jackson, tu les as vu ____?

5. Plus de gâteaux! Brigitte les a encore mangé ____!

Du siehst, es ist gar nicht so schlimm.

In den bisherigen Beispielen hieß das direkte Objekt immer *le, la* oder *les.* Jetzt mußt du dein Augenmerk auf andere Formen des direkten Objekts richten. Du weißt ja, daß das Relativpronomen *que* (*qu'* vor Vokal) immer ein direktes Objekt ist (→ Kapitel 11 B). Auch die Fragebegleiter *quel, quelle, quels, quelles* + Nomen sind oft direkte Objekte.

|  | direktes Objekt | Verb |
|---|---|---|
| Ce sont les livres | **que** | j'ai lu**s**. |

In diesem Satz richtet sich das Partizip nach dem vorangehenden Objekt *que*, stellvertretend für *les livres* – maskulin, Plural.
Ebenso:

Voilà les cartes **que** j'ai pris**es**.

Où sont les lettres **que** tu as écrit**es**?

**Quels** amis as-tu invit**és**?

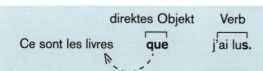

In der folgenden Übung sollst du nun sämtliche Fälle der Veränderlichkeit des Partizips bestimmen.

**3** Welche Erklärung trifft für die folgenden Sätze zu? Trage den Buchstaben der richtigen Erklärung in das entsprechende Kästchen ein.

A Das Verb wird mit *être* verbunden. Folglich richtet sich das Partizip nach dem Subjekt.
B Das Verb wird mit *avoir* verbunden. Ein direktes Objekt ist nicht vorhanden. Das Partizip bleibt unverändert.
C Das Verb wird mit *avoir* verbunden. Das direkte Objekt steht hinter dem Verb. Das Partizip bleibt unverändert.
D Das Verb wird mit *avoir* verbunden. Das direkte Objekt steht vor dem Verb. Das Partizip richtet sich nach dem direkten Objekt.

1. Voilà les chaussures que j'ai essayées.   *D*
2. Quels timbres est-ce que tu as choisis?
3. Tu m'as donné tes lettres il y a cinq minutes.
4. Ils sont partis par le train de onze heures.
5. Je leur ai parlé dans l'escalier.
6. Katrin et Rolf? Je les ai vus à la M.J.C.

Vorsicht, Falle!

Wie du bei Satz 5 der letzten Übung gesehen hast, ist nicht jedes Personalpronomen, das vor dem Verb steht, ein direktes Objekt.
Hier noch ein Beispiel:

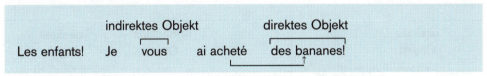

Die Personalpronomen *me, te, nous, vous* können sowohl direktes als auch indirektes Objekt (wem?) sein. Du mußt in diesem Fall die Funktion des Personalpronomens genauer untersuchen.

Unterscheide:

                                  direktes Objekt

Dites donc, les enfants! Je **vous** ai **vus**! Vous avez cassé la fenêtre avec votre ballon!

    indirektes
      Objekt         direktes Objekt

Je   vous  ai acheté  un ballon  pour la plage.

**4**   Accord ou pas d'accord?
     Unterstreiche zunächst alle direkten Objekte, die vor dem Verb stehen.

La mère:   Magali, je t'ai encore vu ____[1] avec ce garçon. Je t'ai déjà dit ____[2] que je n'aime pas ça!

Magali:   Je lui ai juste parlé ____[3] cinq minutes. On nous a donné ____[4] des billets de cinéma pour la M.J.C.

La mère:   Bonne excuse, la M.J.C.! Je vous ai déjà vu ____[5] hier ensemble!

Magali:   Mais maman, c'est lui qui m'a appelé ____[6]. Alors, je lui ai dit ____[7] bonjour, c'est tout! En maths, c'est un crack et il m'a donné ____[8] les solutions des problèmes!

## B Besonderheiten der reflexiven Verben

Auch bei den reflexiven Verben richtet sich das Partizip nach dem direkten Objekt. Aber auch hier mußt du etwas genauer hinsehen.

|  | direktes Objekt |  |  | indirektes Objekt | direktes Objekt |
|---|---|---|---|---|---|
| Magali | s' | est préparée. | Dans l'accident, elle | s' est cassé | une jambe. |

Im ersten Satz ist das Reflexivpronomen *s'* direktes Objekt. Das Partizip richtet sich nach diesem Pronomen (→ Kapitel 12 B).
Im zweiten Satz ist das Reflexivpronomen indirektes Objekt. Das direkte Objekt steht hier hinter dem Verb.

**5** Le vendredi 13 de Mme Pipelette. Correct ou faux?
Kreuze das richtige Kästchen an, und korrigiere das Partizip, wenn nötig.

                                                      c    f

1. A dix heures, Mme Pipelette est sorti de sa loge. *sortie* ☐ ☒

2. Elle a balayés (fegen) les escaliers. _____ ☐ ☐

3. A onze heures, le facteur l'a appelé pour un paquet.

   _____ ☐ ☐

4. En vitesse (schnell), elle est redescendue.

   _____ ☐ ☐

5. Elle a signé les papiers _____ ☐ ☐

   que le facteur lui a donnée. _____ ☐ ☐

6. Comme (da) Mme Lebrun a 90 ans, elle lui a porté

   ses lettres. _____ ☐ ☐

7. Elle a bus les deux petits verres d'apéritif de Mme Lebrun.

   _____ ☐ ☐

8. Elle s'est dépêchée. _____ ☐ ☐

9. Elle est tombée dans l'escalier. _____ ☐ ☐

10. Résultat: elle s'est cassée la main. _____ ☐ ☐

# Test

I   Accident du travail (Arbeitsunfall)?
Lies dir Übung 5 noch einmal durch. Betrachte dann die folgenden vier Bilder, und erzähle den „Arbeitsunfall" von Mme Pipelette aus ihrer Perspektive im Perfekt.

1. J'ai _____
2. Le facteur _____
3. J'ai _____
4. _____

Was hat Mme Pipelette verschwiegen?

5. Elle n'a pas dit qu'elle _____ les deux verres que Mme Lebrun

   lui _____

6 points

**II  Une drôle de livraison** (eine seltsame Lieferung)
Bei Pottiers ist eingebrochen worden. Mme Pipelette erzählt.
Verändere die Partizipien, wenn es notwendig ist.

Voilà, monsieur le commissaire: deux hommes en blouse grise (in grauem Kittel) m'ont appelé ____¹.

Ils m'ont expliqué ____² que c'est une livraison pour les Pottier.

Ils sont passé ____³ devant ma loge avec une grosse caisse.

Ils l'ont porté ____⁴ avec beaucoup de difficultés jusqu'au quatrième.

Ils se sont bien arrêté ____⁵ vingt fois.

Ils ont sonné ____⁶, mais personne ne leur a répondu.

Alors, je leur ai dit: «Mais la famille Pottier est parti ____⁷ travailler. C'est drôle, votre livraison maintenant.»

Les deux hommes m'ont donc montré ____⁸ une feuille de livraison (Lieferschein) pour une télévision.

Je suis donc allé ____⁹ chercher mon passe-partout (Hauptschlüssel) pour ouvrir.

Je me suis quand même un peu étonné ____¹⁰, quand j'ai vu ____¹¹ la caisse dans le couloir.

Puis, les deux hommes sont reparti ____¹² très vite.

Deux heures après, ils sont revenu ____¹³: une erreur de livraison (falsche Lieferung).

Ils ont repris ____¹⁴ leur caisse et l'ont porté ____¹⁵ sans problème jusqu'à leur camion.

Peu après, une femme que je n'ai encore jamais vu ____¹⁶ dans l'immeuble est descendu ____¹⁷ du quatrième.

J'ai trouvé ____¹⁸ tout cela très drôle et j'ai appelé ____¹⁹ ma collègue, madame Sais-tout.

Et voilà l'article «Les voleurs-livreurs» qu'elle m'a montré ____²⁰.

Ce sont bien ces hommes et cette femme-là, commissaire. Je les ai reconnu ____²¹.

21 points